撥雲見日

張麗善的情意政道

雲林ㄟ日頭花
張麗善——著

張麗善（右二）小時候與家族的兄弟姐妹合影。

張麗善出生於雲林土庫馬光厝菜市場前老房子，迄今仍保留。

張麗善的童年與少女時代

1974 年左右，張麗善（右一紅衣服吊帶褲）與家人合影。

國中導師沈秋桂一直鼓勵張麗善努力學習，至今仍持續關心她。

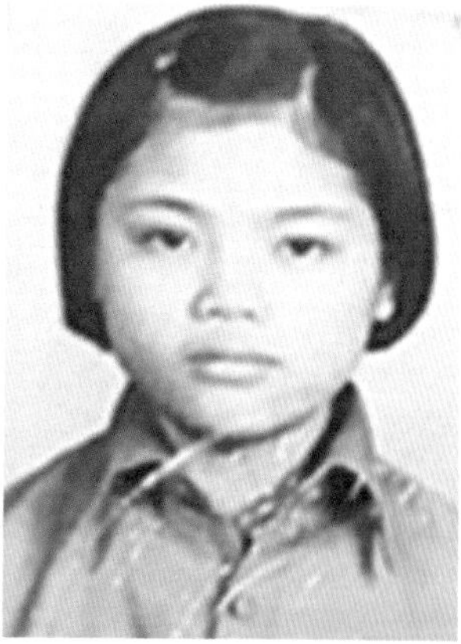

張麗善國中時期齊耳短髮。

1977-1978 年間，張麗善（右一）於土庫商工就學時與同學合影。

1979-1982 年，張麗善（右三）於曉明女中就學時與同學合影。

1979 年 -1982 年間，張麗善（右一）就讀曉明女中游泳課時與同學合影。

擔任護理師時期

1983 年與林口長庚醫院開刀房同事出遊。（張麗善為中間黃衣服）

1986 年彰化秀傳醫院牙科忘年會張麗善（右一）與同事合影。

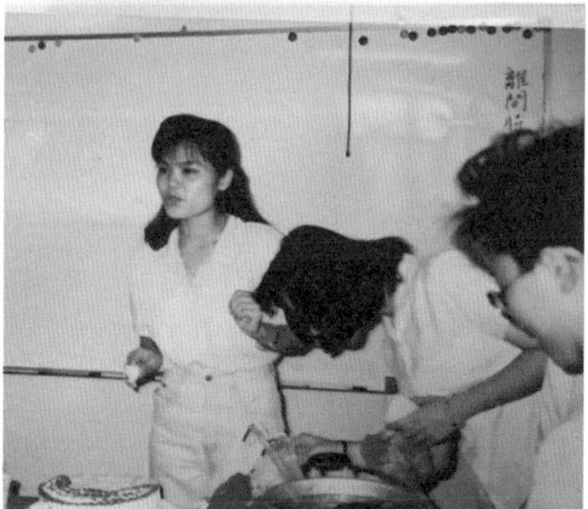

1989 年彰化秀傳醫院擔任牙科助理。

1989.05.27 彰化秀傳醫院忘年會張麗善（右二）與同事合影。

姻緣天注定

1990 年結婚。

結婚時全家福合影（右前排二為張麗善父親、右後排二為張麗善母親、右後排一為哥哥前縣長張榮味、左後為張麗善夫妻）。

從右至左順序為張麗善父親、張麗善姊姊、張麗善本人、張麗善堂姊。

結婚時曉明女中同學獻上祝福合影。

創業與生兒育女雙軌邁進

1990 年張麗善與長子張席維合影。

1993 年 4 月張麗善經營視力保健期間，當時懷有第三胎。

1995 年張麗善與長女張馨方合影。

1997 年張麗善與次子張富順合影。

1996 年全家福。

2002 年張麗善與婆婆及三名子女合影。

儘管創業、工作繁忙，張麗善仍會盡量抽空帶孩子們闔家出遊。

參與創價學會成支持力量

張麗善從 1990 年開始加入創價學會，於公於私都樂於分享推廣善知識。

參加林健煌夫婦提供的虎尾講堂，
與會友合影。

台灣創價學會理事長林釗（右五）蒞臨指導。

非政府組織推動：雲林縣脊髓損傷者協會重要活動紀錄

1994.12.11 雲林縣脊髓損傷者協會活動帶領身障朋友走上街頭爭取無障礙空間。(著黃色背心頭綁白布條者為張麗善)

1994.12 月雲林縣脊髓損傷者協會與虎尾同濟會合影，左後第四位為前縣長張榮味 (張麗善哥哥)，左前第一位為現任雲林縣脊髓損傷者協會理事長李志琴。

1997 年帶領雲林縣脊髓損傷者協會走向街頭爭取無障礙空間。

雲林縣脊髓損傷者協會心中有愛系列活動中間輪椅者為張麗善爸爸張清雄，右後方第二排第三位女生為張麗善，右方第二排第四位女生是張麗善媽媽 (張黃樊卿)。

擔任 1994 年南一區聯合月例會雲林女青商會總幹事。

走上政道的點點滴滴

2004 年第一次參選立委期間參加鳳凰志工隊的活動。(左一為首席顧問黃逢時)

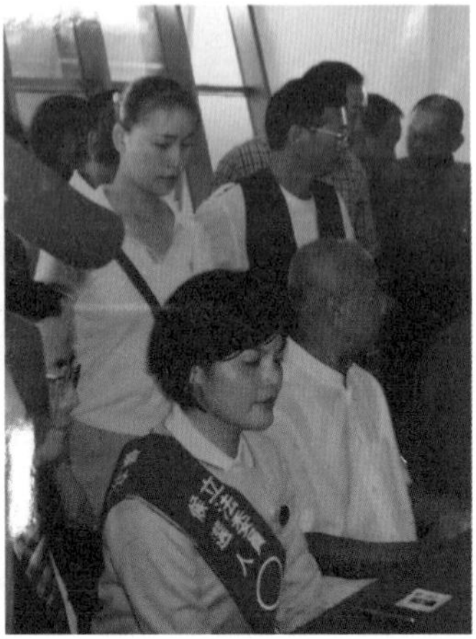

2004年第一次參選立委登記，陳錫章監委陪同。

在 2007 年 8 月將胸章註冊為張麗善商標命名為「日頭花」，並成立雲林縣日頭花姊妹協會。

第九屆不分區立法委員期間推動「艱苦人條款」法案通過，幫助全國低收入戶火化及納骨塔免費。

2015年擔任行政院雲嘉南執行長。

張麗善參加褒忠鄉花鼓陣活動。

出任行政院雲嘉南執行長積極投入地方活動。

立委期間

從預算開始積極爭取地方資源。

針對農田水利會收歸國有，國民黨團召開記者會。由左至右為立法委員江啟臣、王惠美、張麗善與顏寬恒。

民進黨罔顧民意，引進瘦肉精豬肉進口台灣，危害百姓健康，國民黨團召開記者會。由左至右為立法委員張麗善、江啟臣、柯志恩與林為洲。

舉辦公聽會關注農民食安等議題。由左至右為立法委員王惠美、張麗善、李彥秀與陳宜民。

為農民發聲，爭取天然災害現金救助。

高麗菜價崩盤，幫助菜農爭取權益。

立委期間委員辦公室內與接受各界陳情的會議經常滿檔。

立委期間與斗六市長謝淑亞會勘斗六鐵路高架化。

2018 年張麗善被評為立院表現最優立委，基層叫她「第一名」(擔任第九屆不分區立委時期)。

第九屆不分區立委就任當天簽到。

2016 年成立雲林縣日頭花姊妹協會。

家族使命：一人當選，三人服務

張麗善與姪女立委張嘉郡，一同出席造勢活動。

張麗善（右二）與阿兄張榮味（左三）以及姪女立委張嘉郡（左二）拜會，前台中市長胡志強（圖中）。

日頭花

「向日葵、日頭花，毋驚雨打，毋驚風吹，

是伊、是伊陪伴阮，勇敢向前飛！」

—立法院最高顧問黃逢時—

推薦序／

眞情造雲林

二〇〇四年十二月十一日第六屆立法委員選舉，張麗善以雲林縣全縣最高票五萬一四三六票當選立法委員。當時她加入無黨團結聯盟立法院黨團，二月一日報到，在當時的院長選舉中給金平情意的支持，讓金平感念在心。此後三年任期，麗善委員勤於問政，把握重心，表現優秀的問政成果。

二〇一五年底，麗善獲得國民黨提名不分區立法委員第九名並當選，雖然在二〇一八年十一月二日辭職參選雲林縣長，但是其問政成績不斐，被公民監督國會聯盟評為「第九屆第四會期經濟委員會優秀立委」。雖然麗善在立法院的時間不長，但她問政的風範，至今仍在立法院流傳。

對於被形容為站在「風頭水尾，不山不海」的雲林海口人，生存在這裏的子民，可以說非常地令人感傷。因為環境困難，所有的人必須覺悟得與天爭命，不然絕不可能有出人頭地的一天，先天條件的匱乏，讓雲林人要比台灣其他地區的人加倍努力。但是如何能綻放出美麗與嘉善，並不是一件容易的事。

幸好，雲林西螺有教授武術的阿善師武道垂存；出身口湖鄉的鄭豐喜以《汪洋中的一條船》留給後人不向命運低頭的精神典範；在虎尾，有傳承傳統布袋戲的黃俊雄將《忠勇孝義傳》改編為《雲州大儒俠》，並首創電視布袋戲戲劇，一度蔚為風潮。這些鄉賢榜樣就像日頭花般永遠面向陽光，爭取輝煌。

在眾多日頭花般的雲林子弟中，張麗善正是一位代表性人物，一生懸命地當服務雲林鄉親的父母官。麗善在二〇〇九年的雲林縣長選舉中，獲中國國民黨提名，但在選舉前六十八天宣布退選；二〇一四年再次參選雲林縣長，以四十三%的得票率敗給前代理縣長李進勇。當二〇一八年再獲提名參選縣長時，張麗善破釜沉舟地於選前辭去立委，終以近五萬票的差距擊敗尋求連任的李進勇。二〇二二年又擊敗時任立委的劉建國連任縣長，達成了她的願望。

「向日葵，日頭花，毋驚雨打，毋驚風吹，是伊是伊，陪伴阮，勇敢向前飛。」這首台語詩是前立委黃逢時為張麗善創作。〈日頭花〉寫出張麗善外表堅毅內心溫柔，不畏辛苦地為雲林服務的拚勁與態度。不過，麗善說：「這是日頭花喔！是向日葵，但不是太陽花！」因為她首次參選時以日頭花作為標記，但當時設計僅有七片花瓣，張麗善說：「當時我很想抽中一號最後卻抽到八號，失望極了，後來朋友聽聞開心地說，「八號就是發啊！」頓時轉念。張麗善信奉《法華經》，經文「如蓮華在水」，當中蓮花是為八瓣，張麗善變化設計出八瓣日頭花作為標記，象徵著日頭花的溫暖，也譬喻著即便面對炎陽日曬，日頭花依舊以自信優雅的姿態，向著陽光，迎向挑戰。

回憶三年多前，張麗善提到她甫上任縣長時，憂心雲林的發展已經停滯很久了，不該在原地踏步，喊出雲林該上場了，她將秉持日頭花精神，帶著雲林加速前進，讓世界看見雲林。

今天在張麗善蟬連縣長，第二個任期開始之後，編著了《撥雲見日：張麗善的情意政道》，張麗善在書中將所有的心情表達出來，包括：她愛護鄉土的真情、對故鄉深入的感情、還不盡的鄉親人情；她將更進一步探知群情、民情，以無盡豪情再造雲林，並走出貼近民心的政道，來完美第二個任期。我們相信麗善定當不負鄉親所託，為雲林撥雲見日。謹為序。

推薦序／

我的小妹

麗善是我的小妹，從小就是家族裡最懂事、最孝順的孩子。我一直覺得阿公幫她取名「麗善」就是希望她是個「美麗又善良」的女孩。而她確實人如其名，從小她就特別善良，隨著年紀增長，她卻能夠把善良變成「善行」，甚至有些「擇善固執」。

小時候，我阿爸因為患有椎間盤突出症，隨著病情惡化，出現下肢無力症狀，行走需要人攙扶避免跌倒，那時候還在讀小學的麗善，就自願當起阿爸的「專用拐杖」，經常隨時陪伴。甚至，在我們幾個孩子中從小就功課最好、最會讀書的她，原本可以念商科，但是為了想要照顧病情已經惡化的阿爸，毅然休學，北上補習、重考，最後選擇就讀台中曉明女中附設的護理助產合訓科。

「我的志願」對麗善來說，絕對不是只有放在心裡、或是掛在嘴巴上，她一直是個說到做到的人。所以，她後來真的考上護校，如願當了護理師，進到台北的大醫院工作，但是從來沒有放棄「回鄉照顧家人」的念頭，當有適當的機會出現，她馬上主動爭取。所以，我很謝謝她，在我年輕就離家北上打拚時，她留在雲林，照顧家人，讓我無後顧之憂。

正因為如此，當家族有任何需要她的時候，她總是樂於付出和陪伴，像我當議長和縣長那段時間，創業成功的麗善還沒有踏入政治圈的意願，但是朋友請託、服務鄰里、甚至到輔選，只要是她幫得上忙的地方，她都全力以赴，而且做得比我還好。

麗善的善良不只有對家人，對於公眾事務也是如此。像是婚後她回雲林定居，除了創業之外，還參與「雲林縣脊椎損傷者協會」的工作，協助七個身心障礙者團體爭取無障礙設施改善的權益、爭取公益彩券的經銷權利、募資就學就業基金，都是為了協助身心障礙者能夠有更多生存與改善生活的機會。甚至在我擔任縣長時，還因為晉用身心障礙者工作名額的事情，和我爭辯，而看著她為了幫助他們的「擇善固執」，我也不得不讓步。

兄弟姐妹中，麗善的個性和我很像，從小喜歡打抱不平，看到不公義的事情，難免想要幫助弱勢的一方。不過，當她終於被我說服走上政治之路，變成民意代表後，儘管那段時間我不能從旁協助，但是看到她從「俠女」漸漸變成懂得以大局為重，對內對外都能面面俱到的「女傑」時，這樣的成長與蛻變，更讓我堅信她能夠扛起更重大的責任。

二〇一四年，麗善在縣長選舉中敗北，說不失落是騙人的，但是她很快地收起低落，接下行政院雲嘉南區聯合服務中心執行長的位置，捲起衣袖，繼續她最熟悉的地方服務工作。麗善曾說「政治這份工作就是服務眾人」，選擇這條路，是來「做事」而不是「做官」的。因此當她二〇一八年主動來跟我說：「這次我準備好要捲土重來，參選縣長。我自己也想，輸贏不由我，但就再盡力選一次吧。」當下我就相信她一定會當選，繼續「擇善固執」，把雲林當成家一樣用心照顧、傾全力服務。四年下來，麗善用豐碩的施政成果，順利讓「雲林上場」，更推動「加速前進」，讓雲林的轉變有目共睹，進而二〇二二年順利以高於對手近五萬票，成功連任。

不論是那個當阿爸拐杖的小女孩，還是能夠獨當一面的地方首長，不論是勝出還是落選，我從來沒有聽過麗善對於自己選擇的人生道路，埋怨過任何一句話，就算面對惡意攻擊、嚐盡人情冷暖，麗善始終如一，永遠是我心中最美麗最善良的小妹。

目錄

眞情造雲林——王金平 20
我的小妹——張榮味 23
前言 30

輯一／銘記初心

登入人間：生於斯，長於斯 34
童年回憶．點滴珍貴 38
啓蒙．從習字開始 41
心願．做父親的枴杖 44
堅持初衷．善良始終如一的麗善——黃小娥 48

輯二／以愛滋養

奔波・爲了理想……54
照護・終成爲一生志業……59
我的動章・轉向後的再確立……63
婚事・姻緣天註定……68
創業・熱情與實踐……72
力量・唱題的安定……78
轉念・道理即信仰……82
考驗・苦難紛至……87
身爲兒女的技能包——張席維……94

輯三／以願發力

發願・公益成爲一生志業……100
找尋釣竿・崎嶇的就業平權路……109
相伴・這一路，有你眞好……117
從草創到茁壯，我們是血緣之外的家人——林秀妹……121

輯四／勤繼志業

背刺．昨日的夥伴，今日的陌路人……126
起心動念．爲了阿兄的委屈……130
日頭花．祝福與情誼……135
大難臨頭．時窮節乃見……139
謹記．阿兄的叮嚀……145
新手立委．漫長學習路……149

輯五／撥雲見日

整裝．從故鄉出發……154
建設．解決鄉親之「痛」……158
再生．一座廢墟的華麗變身……161
雲林高鐵站．化不可能爲可能……164
穿越與延伸．讓回家的路不再迢迢……168

治水・是天災亦是人禍……172
雲林湖山水庫重要性？原來背後還有這段故事……179
里山解編・另類耕者有其田……181
織網・爲著艱苦人……189
有麗善相助，點滴功德才得以匯聚成河——目鏡仔……196

輯六／政道無悔

接棒與轉換跑道……200
二連敗之後・重回立法院……204
蓄勢待發・走向縣政府……211
阿兄與我的政治路……215

後記……222

前言

自踏上從政這條路開始，無數次的媒體訪問與選民的疑問，最多的莫過於：「張麗善為什麼要從政？」

不同的立場有不同的解讀，支持者、媒體朋友甚至是政壇的對手，都有自己的一套說法，其中最大的公約數是認為「張麗善的出線是為了延續兄長張榮味淡出政壇後，家族的政治生命」。

然而，縱使同為休戚與共的家族一份子，對於政治的熱衷程度恐怕也有很大的差距，更何況每個人的生命足跡如此迥異。為什麼是張麗善，而不是其他家族成員？為什麼張家始終選擇深耕雲林？

簡短一句「延續家族的政治生命」其實無法提供上述疑問的一切解釋。

「張麗善」註定要踏上從政之路嗎？這句話只說對了一半，要了解箇中緣由，必須先梳理張家家族的命運和家鄉雲林這片土地既深入又緊密的連結，當中有許多看似微不足道的小故事，或許在現代人的眼光中，這些「微不足道」又那麼的「理所當然」，但這些「理所當然」卻是包裹著張家幾代人對故鄉的層層情感，這些情感的梳理，必須從張家家族的背景、和張家人幾代與鄉親的互動說起，而這些「微不足道」的「理所當然」都將在這本書裡如流水帳般的人生篇章中娓娓道來。

輯一

銘記初心

登入人間：生於斯，長於斯

日頭花

早年台灣人生小孩，因為怕早夭，所以不會像現在，孩子一出生就報戶口；總得等這孩子長大一點、穩定了，才會去公所報戶口。所以我登記在戶口名簿上的生日雖是一九六四年一月一日，但這個日期其實晚了實際出生日期好幾個月。

自出生後、到長輩分家前，我都在雲林土庫馬光厝順安宮前的一棟老房子裡長大。順安宮是馬光厝的信仰和市集中心，平時人來人往，非常熱鬧。我的祖父娶了三房妻子，三房共數十口人，大多住在廟埕旁，有種田也有從事殯葬業。當時的殯葬業和常民生活非常接近，哪家有喪事要辦，都會來找我們處理。我們家族從小孩到大人，比誰都更能對生老病死有概念。

我當時年紀小，在一旁看著長輩們忙進忙出，早期不太重視禮儀流程，也大都是土葬為主，很少火化進塔，有人負責安撫悲痛的家屬，陪伴他們走過送別親人的最後一程。這是非常重要的，所以家人認真執行家屬委託的工作，不敢有一絲遺漏，彼此間各司其職，合作無間，協助家屬走完複雜的禮俗儀式。碰到傷心過度的家屬，陪伴比流程重要；在他們情緒低落、心煩意亂的同時，仍能按著禮俗，無憾無缺地送親人遠行，殯葬業不僅是將往生者體面的送走，更是透過儀式，為生者帶來極大的安慰。現在回想起來，為了完成這些工作，理性和感性必須掌握有度，而這份家族事業，也把我們張家和馬光厝的鄰里，緊緊的連結在一起。

當時僅是小孩的我，並未明白殯葬業背後的深意，只知道我們家好像總在奔波忙碌。畢竟人要往生是不會選時間的，當喪家家屬有需要時，整個家族都要即時出動。例如家屬會差人提前來通知：「時間差不多了」。不到半刻，我們整家人就在老房子裡來回走動進行準備工作，隨時待命出發。此起彼落的腳步聲、互相照應的談話聲，配合整間房子唧唧作響的震動，形成了我幼年時代的聲音風景。

和隔壁鄰居的小玩伴能一夜好夢不同，因家裡從事殯葬業，讓我經常在半夜醒來，沒有一夜安穩入眠。常透過虛掩的燈光，看著大人們忙碌的背影，再迷糊的爬回床上。到現在，我的弟弟還繼續從事殯葬事業。

菜市場的童年

我的童年生活依然和其他小孩無異，因店面就開在菜市場旁，好不熱鬧的日常讓我兒時的記憶不僅僅只有家裡的生意，更有許多難忘的小確幸。

家裡房子將一樓作為店面，由我的母親打理和布料有關的生意，平時買賣制服、棉被或是和裁縫有關的工作，二樓則是住家和裁縫師傅工作的地方。當我站在陽台上看市場中的大人們忙來忙去，那個視野很有趣，有點像現在的空拍機的視角，雖然二樓陽台沒多高，但大人們看起來總是比平常小一點。每到夜晚，有水果攤的老闆會將賣剩的水果給我們吃，這是我最期待的時刻，當我站在二樓陽台，看著被切好的水果被放在吊籃裡，從一樓將繩子拉上來，可口多汁的水果便直接送到手上，現在我會形容這是自己最早嘗試過的「Foodpanda」外送！

白天市場裡大人們很忙，而當下午市場人潮散去時，這裡則變成小孩子的「遊樂場」。我最愛玩的遊戲是「找拖鞋」：有個同學家裡是開飼料行的，大大的飼料布袋總堆放在一起。小孩們各自拿下一隻拖鞋，藏到布袋間的縫隙裡，比賽看誰的鞋子最後被找到。這遊戲沒什麼年齡性別限制，一群小孩在布袋間穿梭，一玩就可以到傍晚吃飯時間，我們對這類型的遊戲樂此不疲。

市場裡有兩對有輕度身心障礙的夫婦會輪流出來清掃。一對叫「老達仔」、一對叫「跛腳崁仔」，雖然是身心障礙人士，但他們清理市場可一點都不馬虎，對玩耍的孩子們也十分和善。他們的工作內容除了清掃垃圾及市場的菜渣，還會協助清理廁所，在打掃廁所時，偶爾會撿到不小心從口袋掉出來的小銅板，而當他們清掃發現後，因為金額不多，且久久沒有失主來尋回，兩對夫婦便會拿著這些零錢買些小糖果，分送給孩子們吃。當時我非常喜歡他們，畢竟很少有孩子不愛吃糖的。

張麗善的出生地仍保留，以前一樓是賣制服和棉被店面，二樓是住家和裁縫師工作的地方。

童年回憶・點滴珍貴

我就讀的是馬光國小，因為身分證登記的日期，按道理來說，我無法以實際的出生月份入學，但我身高明顯比同齡孩子高，加上在阿公的薰陶下，識的字比同齡小孩來得多，母親覺得我應該還是可以提早一個學年入學，便去拜託當老師的鄰居，看能否讓我依真實年齡先進學校，先讀一年級看看，如果有跟不上的狀況發生，那明年再重新讀一年級即可。不過，因為我表現很好，和班上同學相處融洽，就被留了下來，成功做了應屆學生。我的學校生活也因性格和家裡的教育等因素，過得十分充實。

身高夠、成績好，從小學三年級開始，我便代表學校參加演講比賽，一個人站在臺上對著偌大的空間講話。還記得那時要特別練咬字，因平常講台語講習慣，

日頭花

有些發音舌頭會卡住，如「馬路如虎口」常常會講成「馬路如福口」，得特別練習才行，現在想起來真有趣。另外，我還擔任過升旗手，每天升旗典禮都要站在幾百個同學面前，讓我從小就臺風穩健，不怕面對公眾。

雖然外表是個乖學生的樣貌，但我自認自己像武俠小說中的「俠女」（雖然兒子說我像母雞？）。當年我和老師的女兒林同學同班，她文文靜靜的，總綁著兩束辮子，卻經常被一個頑皮的男同學捉弄，他坐在林同學的後面，趁著人家不注意的時候，把她的長髮繞纏在椅子上。等上課鐘響、全班要起立跟老師敬禮時，沒注意到自己被惡作劇的老師的女兒便慘叫一聲。我坐她旁邊實在看不過去，一心想保護她，便主動跟林同學換位置。也許是我看起來比較凶，那個頑皮的男同學從不敢捉弄我。有趣的是，這位男同學現在變得彬彬有禮，也在公部門服務，服務民眾十分認真。

■ 當值日生樂享獨處

跟別人不同，我特別喜歡當值日生，當年的國小沒有提供營養午餐，每逢中午時分，孩子們都得回家吃飯，只有值日生可以留在學校，感覺教室就變成我自己似的。伯母為此還特地幫我準備便當，每當我打開蓋子，總會有一顆荷包蛋躺在飯盒的中央，感覺好滿足！中午用餐時間，不僅教室是我的專屬空間，還能吃上專屬於我的便當，跟家人們一同用餐的感覺很不一樣，這種獨處時光我十分享受。

沒有輪班做值日生時，我也是沒閒著給童年生活創造回憶。從學校回家的路上會經過一家賣很多童玩的柑仔店。台灣以前的國小附近總會有一間這種店，店裡最常有的就是讓小孩子花個一、二角就買得到的「溜牌仔」（liu pâi-á），憑運氣抽得一些糖果、蜜餞之類的食物或小玩具。每天的上下課和午休時段，馬光國小附近的店裡會擠滿一群小學生。

在電視還沒普及到各家各戶的年代，雜貨店為了吸引顧客，便買台電視放在店裡，播放節目給客人看，厝邊隔壁或學生被吸引來看電視時，會順手買點小東西。所以在來往學校的路上，我常常會繞進店裡張望一下，看電視上正在演什麼。記得我唸小學的那幾年，台灣最流行的節目正是收視率曾達九十七%、不論在台灣哪個城鄉，只要中午時分必定萬人空巷是台視的《雲州大儒俠史豔文》。所以駐足店裡眼睛直盯著布袋戲，都忘了要上學，直到上課鈴聲響了才不甘不願地跑回學校。這成為我幼時很重要、也很難忘懷的童年記憶。

啓蒙‧從習字開始

日頭花

從小我認識的國字就比一般學生多，原因如前面所說：阿公是張家全家族的支柱，他特別重視教育，時常提醒我們：要維持一個大家族是要付出很多的努力。記得小學三年級時，他還曾經把我叫到身邊，拿一台錄音機給我：「你閣毋捌真濟字，袂曉寫，但是你會曉幫我錄音吧？」然後便會講起他是怎麼努力建立起這個家族事業的基礎。拿著錄音機錄下他的聲音，細數那些我來不及見證的種種往事，把我和家族緊緊的綁在一起。

隨著國民教育的觀念普及，他覺得教育更重要，便鼓勵我們多念書。因從事殯葬業的關係，他常常要提毛筆寫弔唁詞，因此習得非常多古文詞句，國學造詣比普通同輩人好。平常他很忙，無暇親自教我們，惟到了過年時，便會把我們幾個小孫子叫去身邊，讓我們把會寫的字寫下來，寫一個字就給予小鼓勵。記得當時為了多搏得阿公的笑，我便會在寫字的過程中跟阿公說：「阿公，我欲去便所」，在回座位的路上，還左顧右盼身旁印有文字的事物，試圖多記點剛剛還沒寫到的生字。記得最常寫的，都是一些跟布料、衣服有關的事，像三槍牌、宜而爽等等現今還活躍於台灣的老字號品牌。看著我寫下的字，我想阿公當年應該也知道我的小把戲吧？

國中時期自信滋長

馬光厝在當年算偏鄉。寒暑假時，馬光國小畢業的校友、學長姐返校辦理夏令營、冬令營等，給學弟妹們提供課業上的幫助，好拉近城鄉學習資源的差距。我也在上國中前的暑假，參加英文學習營，還逼自己學會了英文字母的大小寫與正斜體的四種寫法。初上國中時，某一天上英文課，老師曾問：「有沒有同學會背ABCD呀？」時，我立馬舉手，而且還到講台前，把英文字母的四種寫法全部都寫在黑板上。我在國中的課業維持得不錯，被分到了A段班，我的導師沈秋桂（三甲）是位英文老師，長得非常甜美，教學很認真，對學生諄諄教誨，雖然我成績不是很好，但老師還是沒放棄我。甚至，到現在還持續關心我，常給我重點提示，真的很感謝。另外，我的國文老師郭美秀發現我台風穩健，口齒清晰並且不怕生，極力推薦我參加演講比賽，還記得一個人在土庫國中莊敬樓練習演講的感覺，讓我在小時候就建立了自信心，並且深刻領悟到：想要做多少事，就得付出相應的努力。

我所就讀的土庫國中離家約有四、五公里的距離。父親非常疼我，看我努力讀書，特地買了一台鐵馬讓我騎車上學。想到父母不因我是女孩，就阻止我求知求好的渴望，我十分感謝他們。

為了減輕家裡的負擔，寒暑假期間，我騎著它去附近的蘆筍罐頭工廠打工。一九六〇到一九七〇年代是台灣白蘆筍的全盛期，土庫這邊的家庭，只要是有土地的，幾乎都會種白蘆筍，然後送去工廠做成罐頭，並出口到國外。這個過程需要很多人力，很多鄉親都參與過當時的盛況，我很幸運能見證台灣這段輝煌的過往。

不過自行車騎了一陣子，就沒再騎了，後來上下學都選擇坐校車。因為我家就在廟口前，廟口是鄉親活動的中心，設有校車站牌，所以每天早上我把衣服書包準備好後，便坐在家裡等，只要聽到校車來的聲音，就趕緊出門，和同學擠在校車上，一路晃啊晃的就到了土庫國中——這令我難以忘懷的校園。

心願・做父親的枴杖

日頭花

我有幸在被愛環繞的家庭中成長，造就我開朗活潑又自信的性格。小時候和阿嬤睡一張床，每晚阿嬤都要看電視連續劇《包青天》。包公審案的劇情很驚悚，我常會嚇得包緊棉被，然後躲在阿嬤的懷裡。阿嬤非常疼我，阿公是我用功讀書的啟蒙者，父母更不用說了，在求學過程中，他們的支持和鼓勵，讓我得以順利追求自己的夢想：白衣天使。

立志成為護理人員，關鍵原因是家中長輩的宿疾及父親的椎間盤突出症（HIVD）。

父親自海軍陸戰隊退伍，身高一七八公分，十分壯碩，儀態端正，看起來很有精神。他名叫張清雄，但在家裡的綽號卻是「憨仔」，大概是跟他身材高大，看起來憨厚老實的關係；以前農業社會習慣「揹粟仔」提親，因為能夠揹著大把的粟仔，表示身體健康壯碩，才能被女方家人看重，同意結婚。當時我的母親黃樊卿就這樣結婚了。

然而父親的經歷也讓身體埋下病根，也許是在部隊裡長期操練，因用力不當或是其他原因，在我六歲時，父親被診斷出患了椎間盤突出症，且逐漸轉變為「近端肢體萎縮」，漸漸開始不良於行，後來不得不以輪椅代步。另外還有阿嬤的糖尿病及阿公的高血壓等，都是我成為護理人員的主因。

我哥哥和姐姐，都只讀到國中畢業就開始工作賺錢，未再升學。見我國中後讀書成績仍不錯，父母主動幫我考量升學的問題，他們真的十分開明。當年若我提出了去台中讀普通高中的決定，相信家人也會支持我。當時多數老師和同學的看法，也都覺得去台中唸書比較風光；有些成績比較好的學長姐，升高中時亦選了台中的學校。惟父親及家中其他長輩的疾病，讓我站在人生的岔路口。

捨商科，重考念護校

因為椎間盤突出症的關係，父親開始有下肢無力的症狀，走路時需要拄枴杖或扶牆而行，以免跌倒。但當時因為阿公還在，他自認作為晚輩，不願意在阿公面前如此狼狽、堅持自己拄著枴杖行走。自小學高年級起，我的身高已比同齡人高，肩膀高度剛好讓父親能扶著肩走路，於是我便成了父親的「專用拐杖」。當年椎間盤突出症的外科手術治療風險很高，他又在三十二歲那年開刀失敗，後續選擇了復健和藥物治療做長期抗戰。我便在心裡也埋下願望：要做父親一輩子的枴杖。

所以在這個岔路口，我下了決定：如果要唸書，就要為了家人，而不是為了自己。所以我仿效課本裡所說的南丁格爾，穿上護校的制服，得以就近照顧家人，尤其是父親。為了當他的枴杖，唸護校成了我小小心靈的偉大志向。甚至在後來有了更多社會經驗後，我還投入心力參與了許多NGO（非政府組織），和他一起推動各界重視身心障礙者的權益。

在踏上護理專業以前，父親的不良於行，讓我總想在家中陪伴。為了能實現這一想法，十五歲那年我先選讀了士庫商工的商科。我的國中同班同學很多都一起讀這間學校：離家近，上下學方便。但唸沒多久後，對投身護校的念頭實在太強烈，便決定休學重考。重考需要補習，我便隻身北上，一個女孩子在台北的補習街住了半年，重新準備考試。

當年的雲林沒有護校，而我最想考上的是台中護校，因為是省立的比較便宜，不然就只有台中曉明、嘉義崇仁這兩間新設護理科的學校可以選，但兩間都是私立的，學費比公立的台中護校貴很多。為此，我很用功準備重考，一個人在台北待了半年，天天就是補習，只為一圓白衣天使夢。可惜天不從人願，在考試那一天，剛好身體不適，整個人都昏昏沉沉，考試成績便不如預期，因而錯過了台中護校。而後，我拿著這份成績單，申請到了台中曉明女中附設的護理助產合訓科。

唯一留有父親站著的畫面。(右一為媳婦王月霞)

母親是張麗善最重要的心靈支柱。

堅持初衷．善良始終如一的麗善

文／黃小娥

我父親與麗善的爸爸是摯友，兩家可謂世交，我與麗善同年，經常在她家出入，兩人從小一起長大，情如姐妹，甚至到了國小、國中及高中第一年，都在同一間學校就讀。

國中進入升學班，開始接受升學主義的洗禮，除了每天六點半的早自習、下課後的課後輔導，數不清的考試以及每天被老師揍之外的校園生活，多半已不復記憶。但我們兩姐妹大概是被老師揍得最多的人。高中的第一年，為了幫助生病的父親復健，她總是心心念念著要報考護校，對她而言，「爸爸總有一天會康復」是她堅強的信念，只要她爸爸一站起來，她總會立刻站到跟前，讓爸爸扶著她的肩膀走路，做爸爸最堅強的依靠。

高一後，她選擇重考到曉明女中就讀，這一別，直到她結婚前回到土庫定居一陣子後，我們兩姐妹才又再續前緣。

回想那段時光，她的生活並不是太如意，婚事屢屢受挫，但麗善總是正面看待所有生活的考驗，樂觀的繼續踏著自己的步伐穩健前進。接下來的三、四年時間，她不但開創了自己的事業，經營起視力保健中心，在家庭生活上也一樣馬不停蹄，生了三個孩子，過著家庭事業蠟燭兩頭燒的職業婦女生活。我們各自為生活忙碌，與她的密切合作，是她投入協會之後的事。

當時她經濟狀況並非寬裕，先生擔任議長秘書，工作忙碌，收入卻平平，儘管如此，她依然投注時間與精神，擔任協會工作的訪查員，分文未取，秉持著服務身心障礙者、爭取身心障礙者權益的信念。為了解身心障礙者需求，她開始逐戶進行會員家訪。當時我擔任協會的秘書，協助安排家訪行程與整理她家訪後的記錄。協會參與者大多是行動不便的身障人士，進行家訪時，我經常陪同參與。

家訪的對象，均是社會弱勢，家庭狀況普遍不佳、被照護者也出不了門。麗善在進行家訪時，除了解被照護者的需求外，還以自身的專業指導家人如何正確進行照護，記錄他們在輔具上的需求，並且協助對外募款、捐助輔具。部分個案在麗善細心的處理協助後，生活起居得到大幅改善。

其中，成功的例子是台西的吳〇錦小姐。擔任訪查員的麗善細心教導行動不便的吳小姐如何穿戴尿布、協助她申請輔具補助，在麗善的努力下，原本只能臥床的吳小姐，進步到能下床行動，甚至還能自己去採購、接送小孩。另外有位麥寮的林〇君小姐，她自小失怙，十二歲受傷後，由阿嬤和叔叔照料，麗善細心教導她如何自理生活外，也安排課程讓她學習工作技能，後來林小姐不但學習了一技之長找到工作，也結婚建立自己的家庭。

在水林有位十八歲的女孩，由阿嬤照顧起居。鄉下地方，老厝浴室狹小無法順利洗浴，阿嬤只能抱著孫女在露天的水井旁赤裸洗滌。但對一個已經十八歲、頭腦清楚、只是四肢無法行動的女孩而言，心理的壓力可想而知。當麗善得知女孩家的窘境後，協助對外募了一筆款項，用來搭建一間鐵皮寮，讓祖孫兩人在洗浴時保有隱私。

有成功，當然也有失敗的案例。某次赴古坑探視一個因車禍受傷的年輕男生，因為失能臥床，家人把他丟在床上，很少理他。因為很少淨身，床單也沒換，身上瀰漫臭味。麗善一見男孩的狀況，立即到五金行買水桶、毛巾。儘管麗善具有專業護理背景，這些工作對她而言是習以為常。但或許因為案主是男性的緣故，不但非常抗拒，也拒絕協會再去訪視。

回顧過往的成功案例，雖然我們看到的是結果，但過程其實是十分艱辛緩慢，除了需要投注大量時間與耐心教導被照顧者，若沒有家屬的配合，一樣無法成功。麗善總是充滿耐心，不怕麻煩，一次又一次的付出時間與精神，協助被照顧者重新建立自信和復健的勇氣。失敗雖讓麗善很自責，但透過一次次檢討與改進，總能重拾信心再度出發。

麗善苦人所苦，這點很讓我敬佩。麗善的努力不懈，讓雲林、甚至全國的身心障礙者權益受到社會與政府單位的重視，也曾有記者在報導中用「身心障礙者之母」形容她。[1]

任職於協會時，雖然是無給職，她仍經常主動向身心障礙者購買商品，幫助他們的生計，即使在當時她與銀行間仍有一大筆債務須清償。就我所知，就有個賣茶葉的身心障礙者，對外訂價都是五百元，但看麗善是議長的妹妹，覺得她一定很有錢，硬是用三千元的價格向她推銷。即使她知道對方是敲竹槓，也只是笑笑，從來不殺價，

張麗善參與身心障礙者的服務工作近 30 年。

也不曾戳破對方。她的善良總是一視同仁，隨時保持一顆赤子之心，寬容待人，甚至還會回頭說我老是把別人想得太壞。

之後麗善選擇從政，陸續當了立委和縣長，變得更忙碌，但只要得空，她依然會打電話揪老朋友出來聚一聚，並沒有因為當了政治人物就變得疏離。過往我看過許多政治人物，一旦握有權力，態度就完全不一樣，但麗善從童年、學生時期、在協會服務，一直到現在擔任縣長，一直沒有改變過，依然善良、正直與充滿愛心，而她與先生的相處也沒有因為自己身為政治人物而有所改變，一樣是充滿尊重。出了家門她是立委、是縣長，一群人和她一起為雲林、為台灣打拚，但進入家庭，她依然是那個二十多年前進入婚姻的賢妻良母，這讓我覺得非常不可思議，因為大多數人都無法完美兼顧事業與家庭。

1 當年記者用語爲「殘障者之母」，然現已改用「身心障礙者」取代「殘障人士」一詞。

輯二

以愛滋養

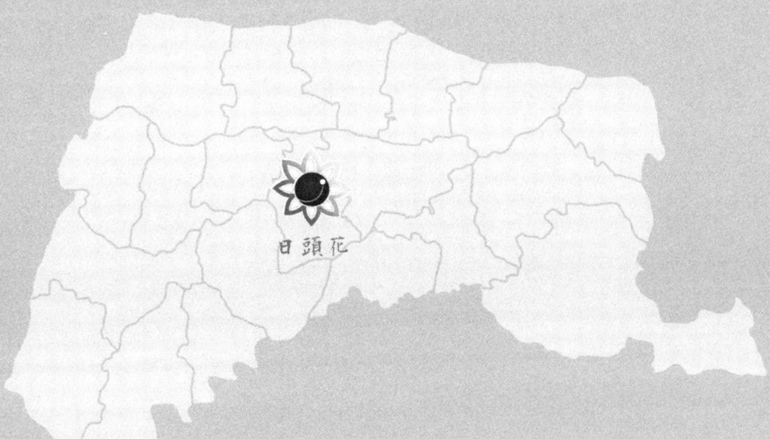

奔波‧爲了理想

念護校是當年很多台灣女孩做的選擇之一，因為全台灣對護理師的需求非常大，一畢業就有工作在等著，所以能進護校，就等於拿到了一輩子的「Offer」。因此在一九七〇年代初期，為了因應當時的社會需求而增設的台中曉明女中、嘉義崇仁專校兩校的護理助產科特別難考，雖然兩所都是私立學校，學費較貴，但當時競爭激烈。幸好我的學業成績和考試成績剛好，才得以順利申請進入校譽卓越的台中曉明女中就讀。

每個禮拜天，爸爸便會開車載著我和行李去學校；當時爸爸的狀況屬於近端肢體萎縮，手還能掌握方向盤，腳還能踩油門、踩剎車，但好景不常，反應慢慢不再靈活，於是後來便不能開車。到了週末，我再自己從學校搭仁友客運到干城站，轉搭台西客運到虎尾，然後再轉車回土庫馬光。坐這樣一趟車，至少就要花掉二至三個小時；同樣的路程若是開車，則只需要一個小時多。四年護校唸下來，一方面，我感受父母是全心來栽培我一個女孩，一方面我也深刻體會到雲林人出入交通的不便；交通問題因此成為我從政以來，持續投注心力的範疇之一，希望給雲林鄉親打造一個迅速便利的交通環境，各行各業都能受益。

回看當年沒有高鐵，自用車仍算奢侈品的時代，一般雲林人都以公車為主要交通工具。當時雲林人要出入其他縣市坐的公車，全是由「台西客運」經營。台西的「西」，就是指我們雲林的台西。台西客運從日治時期就開始經營，是和雲林人生活密切連結的老公司。

在交通不便和學費壓力下完成學業

在我成長的那個年代，民營公車業者的經營非常困難，因為當年主管公路運輸路權的省府公路局，常常「球員兼裁判」，把好賣的主路線，如國道、省道皆收歸自行經營，人流少的縣市路線才委託給民營單位。因此不住在主路線上的民眾，若要搭車往返城鎮，時常要換車、很麻煩，漸漸地有經濟能力的人乾脆自己買車，以節省時間。我查詢交通部的資料，從我出生那年，直到入學台中曉明為止，台灣大客車的數量由四〇二七輛成長到一萬四九五九輛，成長約三至四倍，反觀自用車的數量，卻是從一萬〇九百五五輛暴增到二十五萬五六六七輛，超過了二十三倍。這表示自用車大幅度取代了公車的運輸量。

為了服務當年仍買不起車子的人，縱使經營困難，台西客運依然專心服務雲林區域的公共交通事業，在這長久以來交通不便的區域堅持了幾十年；我小時候在雲林縣內外出入都得靠台西客運。事實上，近幾十年來坐公車的人，除了上下學時間的學生外，就是老年人，這些人的車資都是半價，實在不好經營，但他們卻一直經營到了現在。身為雲林縣民的一分子，我非常感謝台西客運的付出，他們其實有很多機會可以跑更賺錢的路線，但至今都還在服務在地鄉親。

除了交通不便，學費也是「壓力山大」。以前求學沒有助學貸款制度，家長都得拿現金去繳付。如果拿不出學費去註冊，就算考上也沒用。像我有個國中同學，曾和我一起去讀台中曉明；她父親是學校老師，家裡還有接代工賺取外快，經濟應該比一般農工階級好一點，但她卻因為家裡覺得學費太貴，只唸了一年就放棄了。而我們家則是在爸爸和伯父分家後，大家不再吃一鍋飯，我那時就知道家裡經濟壓力很大；為了籌措我的學費，父母親只得把家裡甘蔗田的收成，提早以較低的價格賣給別人，好換得現金讓我去註冊。

父母親的經濟壓力大，我自己求學的壓力也不小。尤其在第四年要到各科實習那年，輪流去過內科、外科、門診、婦產科、精神科、手術室、加護病房等等，每科都要去。從幼時看著家中大人忙著殯葬業，當時才十七歲的自己，也從醫護實習這段期間，近身觀察生老病死的種種人生際遇，使我成長得更快。

病房裡流轉的生老病死

在加護病房實習時，看到許多在生死邊緣掙扎的人，有些已經氣切而無法說話，但看得出他們有許多話想跟旁人交待時的那種急切心情。在婦產科，每個實習生得參與接生至少四十個嬰兒，我在短短幾個月內，就看到四十個因生產痛楚而嘶吼，但產後又破涕為笑的母親，為母則強的堅強讓人動容。不少產婦在堅持了十幾個小時後，實在無法自然產而接受剖腹。但這還算是順利的。有些母親因屬不易受孕、或懷孕時特別辛苦的體質，但為了平安迎接嬰兒地到來，得忍受孕期躺在病床上幾個月，直到順利生產後，一家人從沉重、擔心到如釋重負。最不幸的是有些不幸流產的媽媽，因為懷孕或分娩過程危及自身性命，使自己和家人沉沒在巨大的痛苦中。

我也曾在台中靜和醫院的精神科實習。精神病患其實跟年齡無關，所以在院裡見到很多年輕的大學生。他們沒發病時與一般人無異，甚至我覺得自己當時躁進與閒不下來的性格，都比他們還不穩定。然而當精神病患病發，他們可能連廁所裡的衛生紙都想塞進嘴裡，直到接受適當的電療後，才得以恢復正常，又變成和正常人無異的狀態。

我在院裡負責照顧一個自閉症的青少女，她家中父母親離異，還曾出國留學過幾年，家境算很不錯，但後來因為無法和人溝通，被父母親遺棄而住進靜和。我一開始也不知道怎麼和她溝通，後來發現，我只要用唱歌的方式，就會得到她的回應。

當時醫院裡最有名的一個病患叫楊帆，本名楊光熹，演過很多電視電影，擔任過電影《船》的男主角，還曾經是香港邵氏電影公司的專屬演員，但因精神疾病，入院時才三十多歲。當時我們女護理師在女院區，他住在男院區。但他長得帥又多才多藝、氣質非凡，很受全院上下矚目。他在運動場打籃球時，女院區這裡不分護理師、病患，便會聚集在窗邊，興奮的看他打球。

照護．終成爲一生志業

日頭花

在醫院的這段時光，我看到人生的起起伏伏，生與死、正常與失控之間都只有一線之隔，這對未滿二十歲的我來說，對心靈有很大的衝擊；我直視生命的無常，人們精神世界的多變，還有在醫病之間，我作為護理人員必須堅守的立場，我們是一座無形的橋，一端是醫師，另一端則是病患，如何在這之中取得平衡，完成各項使命，是非常重要的課題。

護理工作讓我看到的世界和其他人不一樣，讓我比同齡的女孩更加早熟、了解生命的無常和人性的複雜。

畢業後，我第一份工作是在台中中山醫院七樓的外科大病房輪值照顧病患。當時的大病房共有五十張床，將大櫥櫃置放在大空間的正中央，分成左右兩邊，再各自隔開成二十五張病床的A Room和B Room。那時我才二十歲，上班時穿著白色護理師服，頂著一頭俏麗短髮，頭戴白色護理師帽，因為年輕體力好，可以連續三天不睡覺，還精神奕奕；加上巡房時，都穿著有跟的皮鞋，聲響伴隨腳步，顯得更有精神，病患看到我來，也都感到很開心。

當年的病護比例較低，白天時有醫師要診療病患狀況，一個護理師大概照料八至十床。若是大小夜班，每個護理師要照護半個病房約十五至二十五張床。我照顧病患時一向主動積極。當年有些護理師會習慣等在護理站，等病患家屬來通知點滴快用完了才開始準備。我因體諒家屬們日夜身心辛勞，為免他們苦苦擔心夜間因人手不足，得自己緊盯著點滴殘量，所以只要我一交接大小夜班，便會先算好病患換點滴的時間；不管是凌晨三點還是五點，都提前準備好，以及定時幫病患換藥、換點滴。因此，病患和家屬們只要是在我值班的夜晚，都能放鬆心情好好睡覺。他們覺得我很盡責，非常喜歡我做事的態度，也會直接跟護理長反映，說我是很棒的護理師。

■北上工作需調適，堅定要返鄉服務

在中山醫院待了一年多後，我慢慢體認到，作為一個護理師，若要學得更多，就得到更大型的醫學中心去工作。於是我報考台北長庚醫院的眼科開刀房。當時眼科在挑護理師時很嚴謹，除了筆試還有面試，且要經過體檢。除了專業能力，對外在條件也有設定身高一百六十公分以上，眉清目秀大眼睛的女孩優先。許多人去報考，最終只錄取了兩個，我便是其中之一。進了長庚醫院後，我曾四處跟院裡的醫師打聽治療父親的可能性，並把父親帶到長庚醫院進行診療，希望長庚醫院的資源能提供給他更多幫助。

在長庚眼科手術室服務的時候，天天要見到血，但我並不怕。我唯一一次會覺得緊張的時刻，是有次往生者要捐贈眼角膜的時候。

當天手術安排在晚上，剛好由我值班，我得負責在手術室外交接大體，並把大體推到手術房，好讓醫師進行取角膜手術，手術完後，醫師和助手都先離開，留我一個人把大體復原後再推出去給家屬做最後的告別。當時的手術室通道設計成三道門的形式，每道門逐一打開，確認前一道門完全關上後才動作，通道上的門不會同時間開啟，以阻絕污染直接進入手術室。然而進行手術的大體，都是剛從太平間移出來，非常冰冷，整張床散發著寒意，所以在通道裡移動病床時，有一段時間只有我一個人和大體待在小小的通道隔間裡，等待門的開關，兩道門都關上時，那道寒意特別明顯。那次，門開得很慢，我緊張到有點腿軟，下意識反覆去按那個開門鍵，同時心想往生者是不是有什麼話想跟我講，所以故意讓門沒辦法打開。

我一開始是在台北長庚院區服務，後來轉到林口長庚院區，約莫一年多的時間下來，我對北部生活十分不習慣。在長庚醫院的工作大都是上白天班，但假日和晚上仍都要隨時待命On call，怕有病患因為意外或放鞭炮被炸到眼睛需要臨時要住院開刀。光是坐交通車在台北市到林口之間來回，每天就耗掉了我一至二個小時。所以現在回想當年的台北生活，幾乎都是在公車上度過，對台北到底是個什麼樣的城市，完全沒有概念，連進城裡買個生活必需品，都覺得不方便。

加上當時長庚人才濟濟，同僚幾乎都是大我一輪的大姐姐，相對來說，資深的護理師非常多，對我這個初出茅廬的新人，升遷的機會自然就少，我能力再好，終究只是個二十出頭的新手護士，每個人都是我的學姐，院方理所應當優先提擢她們。所以當彰化秀傳醫院在找護士時，且是與長庚建教合作，希望有機會回到離家鄉更近的醫院工作，我立馬報名。

我的勳章・轉向後的再確立

日頭花

彰化秀傳醫院成立於一九八〇年，一開始是以內科為主，後來因地方醫療需求增多，所以在一九八四年時進行擴建，並增設了牙科、眼科、耳鼻喉科等許多科別，且和長庚醫院合作，分享醫療資源。因此當秀傳在找護理師時，優先從長庚裡詢問，看有沒有人願意南下到新醫院服務。由於我一心想學習更多，加上對台北生活的不適應，讓我思鄉心切、更想和家人靠近一點。好在我在長庚表現良好，所以順利通過秀傳的招募，並於一九八五年回到彰化工作，也有更多的時間陪伴家人。

到了秀傳後，我轉入牙科服務。雖然一樣很忙，但因為醫院內外都很新穎，大家年資相去不遠，升遷機會大大增加。我到秀傳才八個月，就升了組長，一年半升副護理長、第二年升護理長。我的快速升遷，在當時來說並不常見。尤其是我只有高職學歷，而同事多數都是念護理專科學校畢業的，學歷上都比我高一階。但我當時只知道努力，不知道休息，所以院內的長官對我的工作能力十分賞識，也樂意給我升遷的機會。

這段逐步成長的時間，因為要領導其他護理人員，我也習得更多人際處理的技巧。像是院裡，每年固定會頒發「優秀護理人員獎」以鼓勵出色的護理師，而表現優良的我，在這麼長的職業生涯裡卻一次都沒有拿過，為什麼呢？

以往這個獎通常都是由護理長獲得，但在我當護理長時心想：我都已經得到長官肯定而升任護理長了，這項優秀護理人員獎再由我獲得，不過是錦上添花而已。若能由其他同事獲得，對他們應該很有鼓勵作用吧！因此每當院裡在推薦得獎時詢問我的想法，我都主動推辭，希望把獎頒給副護理長，給更多人肯定與鼓舞，讓大家都能保持對工作的熱情。但現在想起來似乎有點遺憾，似乎對自己過去護理專業能力的肯定，少了一個儀式感。

我雖然只有高職的學歷，但並未影響我的工作表現和升遷，相反的，它給了我一個表演舞台。有次護理師國家資格考在北部舉辦，全院的護理師都北上參加考試，只有我因為學歷問題不能參加。考試當天只有我一個護理人員留守，配合十幾個醫師進行診療。一整天下來我得協助醫師們面對不同需求的病患。醫療內容不同、所需要的護理協助也不同。

當時醫院正在開創「四手牙科」的診療方式，由醫護兩人合作進行。我那天更如千手觀音般，一方面觀察每張診療椅上的進程，一方面要協助完成診療：有醫師要填牙要攪拌填充材料一分鐘、有醫師要做根管治療需要準備麻醉、有醫師要拔牙需要準備器械，有醫師要做假牙得準備齒模套量……。一整天下來，由於我腦袋靈光，沒有擔誤到醫師的診療程序，因為這除了要對每個操作步驟都十分熟悉外，還得不斷切換不同的診療程序確保不出錯、不延誤，全院醫師都對我能夠一手包辦當天的護理工作感到十分驚奇。

在秀傳醫院，我找到工作的熱情，成長得很快速。彷彿就像別人說的「工作狂人」一般，向來不辭辛勞，什麼工作我都願意承擔。中午時，醫師的診療還在繼續，我會讓其他同事先去午休用餐，由我來陪同醫師服務病患，完成療程。夜診時，護理人員減少，只剩下二個，但卻會有七、八位醫師還在繼續診療的狀況，我因當時就住在醫院附近宿舍，所以會主動留下來幫忙，一定等醫師做完、將後續工作交接給值班護理人員後才會離開。一些醫療器材，我也主動留下來清洗消毒，好讓其他人可以先回家陪家人。作為護理長，我只有等到大家都放鬆了，才能安排隔日的工作，並帶著一身疲憊及滿滿的成就感，騎著自輪車回宿舍。

■專業養成・涓滴匯聚與付梓

護理工作壓力非常大、且工作時間很長；年輕時還沒想太多，當自己漸漸進入適婚年齡後，就得像大部分女性一樣，必須在工作和家庭之間做取捨。一九八九年我確認自己將要回歸家庭，預計在隔年成婚，當時我作為護理長，覺得就這樣離開工作崗位，實在可惜。我想著能留下點什麼就好了？若可以讓我現在或未來的同事，在我離開後還能繼續提升為牙科助理的職能效率，對醫師和病患來說，都是件很棒的事，對吧？有了這一想法，我便立志在一年內把自己過去四年在牙科擔任醫師助理所學到的東西整理成一本牙科助理工作手冊，讓護理人員能依循SOP操作、快速上手。

這本專為「四手牙科」診療程序而編寫的手冊裡，把牙科助理該做的工作、該準備的工具都歸納整理起來。就算對程序本身不懂，或是記不住，只要依照手冊裡的指示，該準備什麼器械、牙材，或在什麼時間點做什麼事，就能順利滿足醫師和病患的需求。雖然一嘴牙的空間很小，但它的醫療程序卻是累積了多年來的臨床經驗，拔到哪顆牙該用什麼工具等，都有適當的指示。然而工序和工具龐雜，新手不易駕馭，若造成醫師和病患在診療過程中尷尬地等待護理人員搞清楚該做什麼、拿什麼工具，會是非常不好的經驗。相對來說，護理協助程序如果流暢，對醫師和對病患都非常有幫助，亦能讓護理師藉此提升工作成就感。

秀傳牙科部的吳主任是我在牙科的導師，他一路看著我從新手助理成長為獨當一面的護理長。知道了我在獨力編寫手冊後，他非常嘉許，還同意為這本手冊寫序。且透過他的協助，這本我人生的第一本著作，一次就印了三千本分送各地。不單單供秀傳醫院牙科的護理人員使用，還分送許多正在導入四手牙科，但礙於經驗不足，人員培訓進步速度緩慢的其他大小醫療院所。

這本手冊對當時不少小型開業的診所是一大助力。小型開業診所醫師往往要邊做邊教導護理人員，礙於教育訓練資源較不足，加上人手不夠，醫師和護理師總是忙成一團，有了這本手冊，讓護理人員有獨立學習的機會，大大提升了診所的服務效率。相信還有更多醫護人員自己拿去影印幫助學習，也因此秀傳醫院牙科在中部地方成為當時的教育學習重鎮，並建立跟地方診所的極佳關係。

婚事．姻緣天註定

日頭花

在秀傳待了幾年下來，我和當時還是男友的張永成，感情進展順利。

張永成是我姐姐在土庫商工夜間部的同學。我從台中中山醫院大病房離開後，準備到台北長庚服務前，暫留住在家中一陣子。那時家裡辦烤肉，兄弟姐妹各自邀請朋友來家裡；張永成當時還在海軍服役，剛好放假回來，便一起來我家烤肉，因此認識他，並開始有了聯絡。

那個年代沒有智慧型手機，更是沒有方便的網路，若是無法經常見面，人際間的溝通，只能透過書信或電話。當張永成在船上服役時，海軍開船後就無法聯繫，只有他下了船，我們才能以電話聯絡。一開始只當成普通朋友聊天，天南地北聊著彼此兄弟姊妹、同學、同事、好友間的趣味往事，以及分享工作及生活上的瑣碎。由於他在船上時間待長了，可能是一時興起、或在海上實在太過無聊，便開始提筆寫信。如果是一般陸軍，寫信給外部的朋友，可以每天收發。但因為他是海軍，信就算每天寫，也無法每天寄，只能把寫好的信一封封蒐集好，等下船時，再一次丟進郵筒寄來給我。

明明只是因爲收發信件不便產生的行為，對與海軍交往的人來說卻一點都不稀奇。但每當我從信箱取出成捆的信件時，手中的重量也慢慢轉換成心裡的甜蜜負擔。拆開一張張的信紙，總感覺他對我十分想念，我也認真且積極地回信。

當兩個人通信愈來愈頻繁，感情也穩定發展。當時我住在宿舍，院內工作十分忙碌，為了能和張永成用電話聊天，在每週二晚上八點他放風的時間，我便滿心期待坐在宿舍的公用電話前，等待他的來電。那段日子，還好有他在電話那頭陪伴，消解了我在工作及生活上累積的各種壓力，透過信件和電話的溝通，彼此更加了解對方的處事性格，也奠定了我們之間的感情基礎。

待得他退伍，我們開始計劃結婚的事。他退伍後先自行在布袋創業，從事牙模製作相關的工作，而我因為在秀傳當過牙科助理的工作，所以，我們兩人都在找尋轉行的機會，後來，真的改變了我們的人生。

歷經波折，終成佳偶

不過我們的交往，也曾因為我們兩個人姓氏一樣，被阿爸極力反對過。我一向很聽長輩的話，也不忍讓阿爸生氣，因而選擇和張永成暫時分開過一段時間，當時我的心情真的糟透了，彼此是那麼的合拍，經歷時間及距離的考驗，一段彼此都雙向付出很多的感情，卻必須因長輩的反對得放棄。我頓時陷入失戀的痛苦之中，還好我二嫂沒有放棄我，居中帶我接觸創價學會，讓我開始學唱題，唱出第一句「南無妙法蓮華經」，終於讓煩燥情緒穩定下來，無論是否是唱題帶來的效果，還是心情平靜下來後讓自己的狀態保持穩定，張永成竟在不久後就跟我提出復合。也因為這個機緣巧合，唱題這件事，從習慣成了自然，伴隨著我至今，不管遇到好狀況或壞狀況，我都會持續唱題。

我和張永成的感情似乎註定要接受諸多考驗。關於兩人在一起的事，當年被阿公反對過；結婚之日也因為阿嬤的喪事而延期；最疼我的阿嬤在我預定結婚日前四天撒手西歸，沒能親手送我出嫁，現在想來仍深感遺憾。

最後，我在阿嬤辭世的百日內結婚。

在雲林褒忠鄉完成婚禮、跟張家的長輩們奉完茶的隔日，我便和張永成一起搬到嘉義布袋同住，專心當家庭主婦。當時張永成的事業用不著我過去在醫院練就四手牙科的專業技術，所以我每天都悠哉地騎著自行車去市場買菜回家，看著烹飪雜誌介紹的家庭食譜，煮飯洗衣，經營兩個人的小家庭。人生第一次沒有工作在身，成了老公的「婦」屬單位。但這個身分，只維持了一個月不到，就得告別了這段我這輩子最沒有壓力的時光。

張永成與張麗善出國合照。

創業・熱情與實踐

話說一九九〇年，那時的台灣社會從中央到地方都風起雲湧，兩岸關係愈來愈緊密，人們普遍感受到一個巨變即將到來。加上我正式離開秀傳醫院前的一段時間，曾經幫忙阿兄跑選舉，對於原本不甚理解的政治，變得很敏感，也因此會去翻閱家庭主婦日常不太會讀的時事財經雜誌。像當時討論台灣政經局勢的重要刊物《天下雜誌》、《遠見》等，我都會時不時翻閱，看看最近報導了什麼事情。

就那麼剛好，在某期《遠見》雜誌上，我看到一則廣告，是介紹物理治療方式，宣稱能夠恢復視力。我因幾年前在長庚眼科手術房待過，對任何關於眼睛醫學的報導都很關注，加上那幾年台灣學童的近視問題備受討論，我當時的直覺是：這廣告是真是假？我一定要搞清楚！再仔細一看，有間分店的位置居然就在張永成二

日頭花

姐嘉義家的樓下！瞬間我的好奇心被激發起來，即刻和二姐約好時間，想先去找她聊天，再下樓去一探究竟。

抱著半信半疑的心情進入視力保健中心，並實際體驗了該中心的服務，沒想到效果竟然出奇的好！在我仔細了解後，發現它的物理原理跟我們平常找人全身按摩、把肌肉放鬆的道理是一樣的，只是我們無法把眼球拿出來按摩。一般近視的原因是眼睛裡控制水晶體的睫狀肌痙攣，無法放鬆，導致只能看近，無法放鬆遠眺。這套療程則是透過高壓儀器，從頸部刺激眼球周遭的血液，透過壓縮循環，在鬆緊之間達到放鬆眼球睫狀肌的效果，可以讓視力在短時間內復健到更佳狀態。在當時眼鏡製作技術和選擇沒這麼多樣化的年代，這樣的服務有時比配眼鏡還有用。因為自身整體感受很好，天生閒不下來的我，腦中便突發奇想：也許我可以做這個生意？

當下我就跟該中心的人交談，跟他們說我有意願開一間分店，請他們幫我引薦這套療程的創始人日本佐藤守先生。對方在和我確認在雲林開設的店址與其現有設立的市場範圍不衝突後，便同意先幫我引薦。佐藤守當時剛好人在台灣，而且再過幾天就要回到日本，所以我便迅速前往台北和他會面。在參觀過本中心後，覺得空間規劃得清淨舒適且寬敞，所提供的教育訓練也十分完整，我立刻打電話給人在布袋的張永成，跟他說：我要做這一行。

當時所有人都很驚訝我做的決定，包括我自己。畢竟我已經懷孕且在待產階段，預計年底就要迎接我的第一個孩子。再加上我自己存款並不多，佐藤守當時說開一間分店要一百五十萬元，我和張永成根本沒有那麼多錢。至於店面和經營班底，更是闕如。但張永成清楚我的決心，深知自己的老婆是個有著目標就往前衝的人，所以他完全沒有攔阻我，直接回頭向我的婆婆借了五十萬元，先和佐藤守簽訂合約，其餘的費用就陸續以當年常見的標會形式來湊。

在和佐藤守完成合約後，我馬不停蹄奔地回雲林找店面。心裡直接想到的是一間透天的商辦空間，它剛好就位在我堂哥於虎尾街上開設的博安診所旁，這十來年，我三不五時都會經過，對那一帶區域非常熟悉，相信在那裡做這門視力保健的生意，一定沒有問題。唯一的問題是：我根本還沒有跟屋主、也是我的老師告知，說我要跟他租下來開店。

佐藤守為了維護視力保健中心的品質，跟我約好要在他回去前，必須親自到我的店址看一下。他將預定開店的空間四周都測量了一下，確認有足夠的營業空間以擺放相關儀器、接待客人及設置辦公空間等，加上此店面正對馬路，採光良好，便同意讓我把店面設在這裡。

■大膽行事，幸有貴人相助

當時佐藤守以為我早就租好空間等他來看了，但事實上，我是等佐藤守回日本後，才找到屋主老師，跟她說我想租下這間房子。房子地段良好，我知道曾有很多人跟她提過要租來做生意，當辦公室等用途，但老師是位謹慎的人，並不打算隨便租給信不過的人，或是做一些她覺得不適當的生意，所以房子閒置了一段時間。我跟她解釋我為何想創業、為何想開店，以及詳細解說這套源自日本的視力復健服務，並且我向她保證，不僅店面環境會保持窗明几淨，進來的客人也多以學生為主，人員出入單純，整體服務風格也十分俐落，不會破壞她的房子氛圍。

老師和我相識許久，知道我這個人說話實在，做事也很負責，不會說一套做一套，所以沒想幾秒就同意了。至於價格，她也非常阿莎力：「我都租人家一個月租金一萬八千元，但妳（張麗善）做的這門生意，既然是對學生的視力有幫助，那我很認同，所以收一萬五千元就好，妳一定要加油，我支持妳！」這番話，對當時口袋幾近見底的我，宛如天上掉下來的禮物。身兼房東身分的她，不因我急切的需求而抬高價碼，反而降價租給我，還對我個人及所做的事十分肯定，讓我後續更堅定要把這件事做好，才對得起老師的幫忙。

創業的第一筆資金和店面都有著落了，現在就差技術，得要上台北去學習。我便帶著為此招募來的兩個幫手：美璜和春霞，一位是我阿姨的女兒，一位是市場朋友的女兒。我們三個好姐妹就一起北上做教育訓練，學習如何操作儀器和服務客戶。同時間，我也著手進行中心的規劃，找設計師，找裝潢工班討論如何依據物理治療儀器設備的尺寸規格，做對應的室內空間規劃。再加上，我曾在醫院服務過，在診療空間細節部分我盡力要求到最高規格，在保持整潔、安全、舒適的前提下，為我第一家店的品質打下良好的基礎。

以上所述，都是在結婚後一個月裡密集發生的事。我心急地想在一個月內完成所有創業準備工作，並預計要在同年十月一日開幕。高效開店創業如果是發生在現在，並不稀奇，從時下的媒體上，經常看到不少優秀創業青年的經營效率都很高，短時間內就獲得成功的創業故事。但在當時，一位即將要臨盆的孕婦，從來沒有創業的經驗，還是義無反顧的就是往前拚，連我自己現在回想起來，都覺得當時的決定十分「瘋狂」，慶幸的是，我對於從有想法到實踐的熱情和效率，直至擔任縣長的今日，依然沒變過。

除了性格以外，另一個我沒辦法拖延創業計畫的原因，確實是因為年底就要把肚子裡的孩子「卸貨」，若不趕在生產前做完這件事，就至少要等到我坐完月子，屈指一算，都是隔年過年後的事了。再者，我所有做生意的錢都是借來的，怎麼可能會讓資金空燒幾個月，而沒有進帳呢？

不幸的是，命運再次跟我開了玩笑。就在我的店面開幕前，阿公過世了。原訂開幕日是十月一日，而阿公出殯的日子也在近日內。然而我早在九月底的最後一個週末，透過《中國時報》和《聯合報》的夾報廣告，共發了一萬份傳單出去，希望有人能夠看到廣告後來體驗服務。在那個年代，既然廣告已經發出去了，當時沒有像 LINE、Facebook 粉絲團等管道，可以公告臨時變故。因此我忍著悲痛，硬著頭皮和兩個員工把所有準備工作做完，並準時在十月一日星期一開幕。開幕當日，店門一打開，共有八個客戶上門。其中，第三號的客戶陳小姐，其中，第三號的客戶陳小姐，她讓我更認識《南無妙法蓮華經》的真諦與精髓，我再度唱題，並加入創價學會，因而與其成為會友。

力量・唱題的安定

日頭花

幾年前因為感情問題，二嫂知道我心情不好，而教我唱題，當時只是求個平靜，沒想到張永成果真回頭復合。坦白說，那時我對創價學會的認識不多，只知道唱題。直到創業後認識陳小姐，帶我入門，才發覺唱題一事不只對我自身，甚至在很多人身上都發生過一些奇特的事。

陳小姐跟我說，她本來是天主教徒，但有次朋友來借她家的空間，說是要靜下來唱題。陳小姐本無它想，但愈看愈好奇，想知道這位向來鐵齒、不信鬼神的朋友，為了什麼理由如此虔誠？不懂持之以恆地唱題，而且每次都能唱上好幾個小時？她的朋友解釋了自己的經歷：有回他在臨崖的山路上開車，遇到下雪，不慎在轉彎時滑出路面，一輪衝出崖邊，眼看整車就要翻覆到山谷下。千鈞一髮之際，他驚嚇過頭，不由自主地唱題《南無妙法蓮華經》，等回過神來，車子已經順利繞著山路，安全地停在路面上。這位朋友說他此後便養成唱題的習慣，希望回報這股在冥冥之中把他從死亡邊緣救回來的力量。陳小姐本來也半信半疑，但日子久了，想說也跟著一起唱看看，反正不會少塊肉，沒想到，生活竟慢慢有所改善。

當天聊完創價學會的事後，陳小姐便順手抄寫《南無妙法蓮華經》給我，囑咐我每日唱頌，縱使沒有發生特別的事，也能當作靜心的一種儀式。當時的我，肚裡有孩子，口袋有債務，甚至連屬於自己的房子都沒有，還需和其他人同租一層共用廁所的雅房。加上這間剛開業的視力保健中心，生活與工作彷彿又回到當年在醫院時的狀態，壓力甚至更大，於是在當晚睡前，我開始嘗試唱題來舒緩壓力。那間雅房裡剛好擠得下我和張永成，還有一張床、一組衣櫃和一張化妝台，空間不大。加上我挺著孕肚，體重達九十幾公斤，為了能讓自己和肚裡的孩子舒適一些，所以唱題時就跪在床上唱。

有趣的是，當我開始唱題的習慣後，張永成結束了白天在布袋的工作，晚上回到雲林的小家，兩人擠在小小房間裡，他會就近觀察我唱頌題目的模樣。在結婚到懷孕期間，因為身體的不適及店面經營的壓力，我的模樣總是顯得心浮氣躁，但每當我開始唱題後，心情也跟著平靜下來。有一次老公還在我唱完題目後準備睡覺前，突然問我：妳是不是變漂亮了？當下聽到真的好氣又好笑，沒想到後來老公變成了督促我唱題的小助手。有時他回來晚了，我已累的呼呼大睡，他還會輕輕搖醒我問「唱題了沒？」，但他自己卻沒有唱題。

■信仰的善念顯化

說來也巧，我因為唱題後，視力保健中心生意確實有穩定成長。從第一天八個人後，連續三天，上門的顧客分別是十六個人、三十二個人，六十四個人，剛好以等比級數增加。這個巧合，讓我也大喜若望。雖然我知道，營業額成長不只是唱題的關係，而是一九九〇年台塑六輕進駐麥寮的前置工作展開，收購許多土地，讓不少原本從事一級產業的雲林人瞬間獲益，再加上六輕提供上萬個工作機會，且有六十%是提供給在地雲林人，勞動人口快速聚集，許多小家庭不需要出走到台中、高雄或台北求職，直接留在雲林就有工作，孩子也不用異地就學，留在家鄉，一家三代不必離散南北。因此就時常有長輩，開著車載著二、三個，甚至五、六個自家和鄰居的孩子，一起上門來體驗視力保健服務。

任何肌肉的復健，都是緩慢見到成效，然後搭配自身養成好習慣，才能將健康的狀況穩定下來，視力保健也是如此。所以，為了讓客人方便復健，採取銷售點數卡的方式，每張卡共二十四格提供二十四次服務，成人卡每張七千元，學生卡則為六千元。因為每個人復健的效果不同，有人只用了八、九格就覺得視力有所恢復，有人則要用掉二、三張；因此如果要續買第二張卡，會再折價一千元。

所以，如果一台車載了五個孩子來購卡，等於我就現收二、三萬元。當時中心一天約莫可以服務百來個客人，我頂著大象般的身材，穿著孕婦裝，在中心裡走來走去，細心解說服務的過程和效果，根本無暇坐下，雖然親和力極佳的我，能讓半信半疑的客人願意體驗療程，但我自己也走得雙腿水腫，疲憊不已。

還好這些努力都獲得了不錯的成果，每月都有二、三十萬元的收入，比我當立法委員或縣長的收入都還好。當時沒有信用卡或電子付款，我每天斜揹著一個小布包，包包裡都是客人購卡的現金，隨手一探都是厚厚的紙鈔。但我清楚知道，這些錢都不是我的——我創業實現第一桶金的收入，都是來自身邊人的幫助。

當上門的客人多到中心容納不下後，我迅速決定再加購一組復健器材。本來半小時能完成八個客人，增加到能服務十二個人。也許是工作壓力太大，第一胎，懷長子席維，便提早在十一月初就呱呱落地，我靠去坐月子，讓身體才得以休息。

轉念・道理即信仰

日頭花

一家二口變成三口，首要解決的便是居住空間的問題。所以一九九一年的春天，我便跟朋友買了間房子。當時我規劃自己要生三個小孩，不過因為自己是職業婦女，所以不打算每胎隔三年，而是計劃每年都生一胎，比較有效率。

因此當我決定要買房時，便買得稍大一點，已經想好未來還有兩個小孩，會需要大一點空間。這位朋友相信我的人格，也相信我的生意會賺錢，所以一棟開價七百五十萬元房子，我先預付了二十萬元的訂金，他便把地契房契，統統交給我去辦過戶，好方便我後續辦理房屋貸款。那時的房貸成數不像現在這麼高，我只能跟銀行爭取到四百五十萬元的貸款，其餘的三百萬元頭期款，則是在將我們夫妻倆當時所有存款都投入後還標了兩個會錢，不足的再向親友或婆婆商借。所以，外人以為保健中心每個月的營業額都不低，其實，賺進的每一分錢，扣掉店面開銷、房貸後所剩不多，那些現金幾乎都只是過手而已。

當年銀行放款利率差不多接近十％，房貸則會向上再高一點。所以當時向銀行借的四百五十萬元房屋貸款，利息是十．二一％，比當時普遍要十二至十三％略為優惠。我到現在都記得很清楚，那年代的房屋貸款沒有本金寬限期，借款後第一個月就必須本金連同利息一起還款，所以，我每個月得繳交近五萬元的房貸給銀行。這筆錢對一個小家庭而言，就算是現在，也是筆不小的負擔。當時我的經濟壓力很大，每天被錢追，過得很辛苦。

更令我心煩的是，身邊有些較親近的家人，知道我開店做生意，每天過手很多現金，便會情商小額借款，供他們週轉應急。其中有一位朋友，是阿兄跑選舉時認識的，因為他選舉時曾經幫過忙，如果不借錢給他，在人情上顯得說不過去。這位朋友是做砂石生意，他先透過張永成用支票來週轉。先從十萬、二十萬元開始借，慢慢地金額愈來愈高，次數愈來愈多，最後變成用一張八十萬元或一百萬元支票來抵押週轉。因為借款期間，他都是有借有還，我便沒有仔細追究，再加上這位椿腳我根本連面都沒見過，我只是單純地認為，朋友有困難互助，不清楚對方到底有什麼經濟狀況，但某次銀行兌現支票時卻跳票，因為錢沒收回來，我才追問後，才知道他已飛去大陸，帳戶一空！

當下我立刻追問幫他借錢的張永成才知，張永成也幫他向其他朋友借款且同樣跳票，這下子，夫妻倆都要為此事負責到底，當時張永成只跟我說，對方因為運砂石產業道路的使用維護問題，和其他廠商吵得不可開交，最後因為談判破裂，發生很大的衝突，就跑到中國大陸去做其他生意了。他也對此很愧疚，畢竟每一分錢都是我們努力掙來的辛苦錢，也是為了建立這個家、這個事業所需要的錢。然而事情既然發生了，只能咬緊牙關，共同承擔。

■ 借款收不回，學到教訓

一九九〇年代初期，剛好是馬英九當法務部長，掃黑專案嚴格執行，給台灣帶來不少新氣象，部分特許行業的經營方針與方式都需要改進，才能讓社會風氣更安定。這位砂石業者就是在當時社會氛圍下，出現經營的巨大變化。經過一番瞭解，我也明白種種遠因近果，心中「跳票事件」比較釋懷。畢竟當時我是經營生意的負責人，應該對於私人之間的借貸行為，要有風險意識，萬一有損失，就應該要承擔。

只是沒想到，這位老兄的遠走高飛，居然時隔七年多才回台灣。他出走前跟我陸續借了四百一十萬元，這筆錢包括我跟銀行借來的部分，在他「人間蒸發」後，如果他停止還錢，我必須從每個月收入中再掏出近二十多萬元來還給銀行，以維持我和銀行往來的信用，不然，一旦沒有正常還款，很可能讓房子被抵押，這可不是開玩笑的。因此那段時間，為了同時償還我自己的貸款和他的借貸，真的是有苦說不出。

當我看到支票跳票時，滿腔怒氣，對老公無法有好臉色。甚至對於唱題的習慣，也心生懷疑。雖然在養成唱題習慣後，一開始事業確實順遂了不少，但沒多久，卻發生被素未謀面的人拋下債務跑路，讓我一個人扛兩個人的債務，這樣的壓力，讓我經常滿口抱怨，愁眉不展。

幸好創價學會的前輩們耐心地開導我，鼓勵我無論如何一定要心存正向，將這樣的遭遇視為「善知識」，把怨念放下，事情才有可能好轉。他們建議我每天在唱題時，除了為自己，也為對方唱頌題目。每天唱頌祈求對方「身體健康無事故、事業有成、衣錦還鄉」等好話，並以「世法勞苦徒勞苦，佛法勞苦福運多」來安撫自己。這樣的方式，聽起來似乎有點迷信，其實這也是一種讓自己心緒轉念的方式，減消自己的負能量。所以我天天祈求他平安歸來，畢竟只有他順利返鄉，錢才可能拿得回來。如果我帶著怨恨咒念他，不僅於事無補，若真發生任何意外，很可能一毛錢都拿不回來。無論站在信仰還是情緒管理的角度，這樣的正向思考正是我當時最需要的。

為了還錢，我只能想辦法賺更多錢。畢竟視力保健中心的商業模式沒有問題，市場需求很穩定，我經營的口碑也很好。所以繼第一家開在虎尾之後，陸續又在斗六、溪湖開了兩家視力保健中心，把營業額盡可能提升，好加速償還債務。不過幾年後，生意漸漸顯出頹象，主因是當時創辦人佐藤守因個人事業規劃，已經前往歐美發展了，經營重心不再是他一手創立的視力保健品牌，而在台灣南北部區域有不少加盟主都不清楚佐藤守的情況，只知道原品牌不再提供後續的耗材及儀器維修服務，雖然市場需求仍在，但能夠支援的物料資源已經看得到盡頭。於是，我和創業夥伴們商量，將保健中心交由他們接手，準備將客人已購買的服務卡陸續使用完畢後，再將中心內的儀器與耗材進行盤點結算，就讓店面歇業。

經營視力保健中心期間，阿兄張榮味連任了兩屆議長。這中間，我因為做生意人面廣，說服力又好，和阿兄的人脈圈互動愈來愈頻繁，進而建立綿密的人際網絡。至於，那個跑路的人，我心裡仍有芥蒂，但人生的路還很長，要拚的事還很多，漸漸將他帶給我的怨氣放下，並持續為他在異鄉的日子祈福唱題。

考驗・苦難紛至

日頭花

我重新檢視了自己與家族間的經歷。

一九九七年之際，不僅是阿兄張榮味，連丈夫都遭遇重大挫折，我的事業也產生經營危機的同時，借錢跑路的人回來台灣了，並順利創業了，而我也巧合的拿回了七年前被欠下的債務。可以說我的人生經歷總是從逆境中逆襲，再從逆襲中出現新的逆境，不斷循環。這也印證了佛法勞苦福運多，此時他的出現卻在我最低潮時成了我的諸天善神。

一九九七年，阿兄第一次參選縣長。當時我們全家總動員，我也不例外，根本就是全力投入選戰，自己的生意因為有信得過的人在照顧，便較少投入心思，甚至有點荒廢。不過，那是我們家第一次選縣長，爭取的層級和選議員、選議長的意義不同，自然也就充滿鬥志。我做為阿兄重要的分身，幾乎全縣椿腳都和我往來頻繁，彼此信任感很夠；而我也傾盡全力，把所有能拿去貸款的資產，包括我家的房子和土地等，都拿去貸款，讓阿兄做為選舉經費使用。雖然賺錢不易，但做為家族的一分子，一定是能幫阿兄多少就幫多少。

在開票前，我們從各地反映的民情中，都相信我的阿兄會選上縣長。但最後的結果是差了三千多票、僅〇．九％的票數差距落選了，此時，士氣低落，原本信心滿滿可能順利當選，卻以失望收場。而我的老公張永成，也遭逢打擊，就在我第一個事業即將結束時，卻被迫必須離開雲林一段時間。

當時，我不禁懷疑我的人生是不是要卡關了？

■追回借款，更有體悟

沒想到，諸事不順中還是有一絲轉機。

當聽到張永成告訴我，欠我們四百一十萬元後，跑路去中國的人終於回到台灣，並且要在麥寮重新創業，當下，我打算請張永成帶我去見見他。只不過，張永成認為他初創業，就要登門討債，這樣很不好。

但是，當時我不知哪來的底氣，自認為為對方唱了七年的題目，怎麼會出問題呢？於是，我不斷要求下，張永成還是帶著我與對方見面。沒想到，第一次見到他本人，一見面，他第一句開口就提到還錢的事，他告訴我們，他現在麥寮的生意做得很好，有能力能每月償還二十萬元。果真，他信守承諾，一個月後就還了二十萬元，後來依著借錢順序，陸續償還四十萬元、八十萬元、一百二十萬元，在兩年內，還清了四百一十萬元，大大減低了我那段期間的債務壓力，也讓我們夫妻倆多年埋在心底的一根刺徹底拔除了。

這是唱題的福報嗎？我個人相信是的。

在我遭遇困難時，七年來不求回報的為他祈福，在一切不順的當下，竟意外地能拿回本金。當時的我，似乎修行還不夠，腦子總有一個聲音提醒我：那七年來我代他繳給銀行的利息呢？甚至我還明言又暗示地告訴他，這些年銀行利率很高，我為了他的債務繳了不少利息給銀行。結果，他卻是雲淡風輕地裝傻、裝聽不懂。後來，我自己腦袋裡轉了念頭，心想既然本錢都拿回來，真的算是萬幸，其他就別再多想了。

想到自己在這七年來一路上經歷過的人事物，體會到所有遭遇都應該轉念為善知識。而且也是因為債務迫使我更加努力工作，因而能創造更多收入，締結更廣的人脈，漸漸成為阿兄選舉的助力。無論結果如何，我都已經賺到比利息更可貴的人生經驗。

■雨後天晴．蹲低後奮起

在解除資金壓力後，我又閒不下來了。正當思考自己的事業下一步該往哪裡走時，赫然發現自己似乎忘了些什麼！

因為長年忙著賺錢和選舉，讓我陪伴三個小孩的時間少之又少。老大席維當時已經讀小學，但他下課回家後，我不是在忙選舉，就是在忙視力保健中心的經營事務。以中心來說，因為主客戶是學童，他們下課之後才可能來做復健。下課時間，我忙著照顧別人家的孩子，自己的孩子們卻只能交給保姆照顧。既然自稱職業婦女，我自詡要將母親的身分同時做好才行，我開始唱題祈求一個「小孩在上課，我去上班；小孩下了課，我也下班了」，可以陪伴孩子一起度過童年的工作。

此時，有位台中曉明的學姐、也是我秀傳牙科的前輩，來找我幫忙。當年，我進秀傳醫院時，她是護理長，曾經常照顧我。後來她離開秀傳醫院，到台北從事推動預防醫學的工作。在一九九七年之前，她其實有來找過我幾次，因為當年台灣對於「預防勝於治療」的醫療觀念開始普及，政府也於一九九五年起通過預算，加強「成人健檢」，以便及早發現問題、及早治療。學姐過往對於我的信任，和我在視力保健中心的成功，她認為如果要推廣預防醫學，我是很好的合作對象。

政府開始推動全民健康檢查後，需要有人不厭其煩的宣導，讓民眾了解這項政策的必要性，及對自己有哪些好處。當年民眾的觀念和現在不一樣，多數人對剛實行不久的「成人健檢」有所疑慮。尤其對鄉下地方的老一輩來說，身體不檢查沒事，一檢查就一堆毛病要追蹤，對醫療資源和交通不發達的雲林老年人來說，非常不便。我在進入推動預防保健這一行前，就很了解老年人的心聲，不管希望他們做什麼事，必須要讓他們方便做，才有可能達到目標；且我們的醫療、社福、交通資源等都分配不均，單方面要他們自己去解決問題，對政策的普及是沒有幫助的。

一直到一九九八年七月一日，我成立醫管顧問公司，做「預防醫學」的正面宣導。我和同仁們耗費非常多力氣在中南部各社區及工廠間，向民眾說明健康檢查的重要性。

在一般社區民眾方面，我以縮短偏鄉和醫院的距離為目標做規劃。為了提高健檢的意願，醫院提供醫療專車服務，接駁同一個社區的居民們一起到醫院來。到醫院後先由護理人員進行衛教，讓民眾了解各種檢查的方法和目的，宣導這是為自己的身體好，以便在小毛病變大毛病之前，提早發現。接著進行抽血、驗尿，然後由醫師細心問診。午餐後，檢驗的結果出來了，再由護理人員跟民眾解釋檢驗數值的意義，及應該注意的事項。如果有需要追蹤的，會在病歷上做註記，以便後續提醒他們來複診。最常發現、也很需要提早發現的問題，有糖尿病、高血壓、肝功能、腎功能、心血管等疾病。二十多年前這類慢性病常常會在難以收拾後才發現，但透過「成人健檢」，提早發現疾病，對減輕患者病症、減少醫療資源消耗都很有助益。加上我們的護理人員，接受過專業訓練，能將各項說明清楚，讓民眾容易理解、記憶，並學習到一些與良好生活習慣和身體保健的觀念，從而主動照顧、關心自己的身體健康。

我們所安排的整個行程輕鬆自在，好像是來醫院玩一趟，而且是和社區鄰居一起，像是參加了健檢觀光團，而不是來看病的，沒那麼多壓力。有了好的體驗，來年再邀請民眾健檢時，他們意願會高很多。

這個過程，有許多人受到幫助。曾有一家人本來不認識，但因為全家陸陸續續來健檢後，各自發現尚未惡化的重疾，於是可以提前接受治療，降低了許多風險。他們家因為很感謝我，後來我選舉時也大力的幫忙，成為我重要的助力。

在創業過程中，不管是全民健檢或是勞工健檢，我都花費非常多力氣與方法，來讓大家接受預防醫學的概念，也努力配合醫院的資源來設計醫療服務流程。不斷的溝通對話，都讓我深刻了解雲林人需要更充足的醫療資源，也體會了台灣產業界在經濟起飛及轉型的過程中，逐漸重視預防醫學。現在回想起來，這二十多年來所掌握社會脈動與累積的經驗，對我後來擔任立委及縣長時，幫助都很大。

2014 年第一次參選縣長時，阿兄張榮味與當時立法院長王金平陪同競選拜票。

身為兒女的技能包

文／張席維

當我爸媽的小孩並不簡單，因為他們都很忙，加上大家族的關係，我們小時候得學會的技能包很多。

最早學會的是看電視。小學時因為父母都很忙，晚上常常家裡沒大人，我就會和弟弟一起看電視，直到父母回來、聽到他們停車的聲音，才匆匆忙忙趕去假裝睡覺。有時一看就是十一、十二點，時常能大飽眼福。那些年沒有網路可以迷，但兄弟倆在第四台裡亂看很多有的沒有的，也覺得學到很多雜學問。

父母平常在家的時候管得很嚴，這個不行、那個沒有，能看電視的時間更是少之又少，所以當時不覺得父母不在家有什麼不好。不過後來被老爸破解：有次他回來後，把我們從床上挖起來痛打一頓：「莫掠準我毋知影恁偷看電視！電視摸起來攏燒的！」原來，當時的電視是傳統CRT螢幕，看完電視要等個十幾分鐘，映像管才有足夠的時間散熱，如果是現在的LCD螢幕，應該就不會留下證據吧！至於媽媽，她不太管我們，回到家摸摸我們假睡的頭後就去休息，我們總是覺得她好溫柔。但我猜她也知道我們有偷看電視啦。

第二個技能包，是下載遊戲回來玩。

我印象很深刻，到了國三，家裡才買了第一台電腦，還放在客廳，用電腦時大家都看得到。先前因為老爸嚴格控管，他認為如果他的工作都用不到電腦，我們小孩也應該用不到。所以當朋友們都已經能夠從BT，電驢下載一堆遊戲回來玩、每天討論線上連線對戰的《世X帝國》、《星X爭霸》或《暗X破壞神》，我則因家裡沒有電腦、沒網路，只能眼巴巴地聽著同學們聊。為了更融入同儕生活，我國三時申請住校，美其名是在校用功念書，實際上是覺得和同學在一起比較好玩，反正在家電腦也輪不到多少時間玩，當時的電視節目也不如現在的網路串流迷人，留校與同學在一起反而比較有趣。

至於家裡那台電腦，我覺得根本是拿來給我爸玩新接龍和踩地雷的，他可以玩好久。從此他也不反對電腦這個東西了。有次我請同學幫我下載射擊遊電《雷電》的壓縮檔，灌到家裡的電腦裡，從此之後電腦成了老爸的生活必需品，根本玩雷電成癡，幾乎每天下班回來都在打。我在旁邊看很想玩，貼心地想，要是跟爸爸一起玩就不會占用他玩的時間了。沒想到，他居然嫌棄我的技術太爛，很快把他的命都耗完。這台電腦和雷電，就這樣滿足了我爸三年，當Intel Pentium都消失在市場上多年、被Core取代之後，他才認為電腦該換了。反正只要跑得動他的雷電，就是好電腦，但對我來說，3D遊戲的世界離我很遠，我只能玩玩《LF2

小朋友齊打交》這種2D格鬥遊戲。同樣是國三，那年媽媽以第一高票選上立委，只要她人在雲林跑服務時，我雖然住校，但是只要打個電話，她就會送雞排來給我解饞。

第三個技能包，是學會獨立自處。

媽媽總說他二十歲以前就心智成熟而獨立，在我成長時期，爸媽因為工作忙的關係，我更多時間是和堂兄堂姐及弟弟妹妹等平輩相處，相較之下沒有許多同年紀人對家長的依賴性。選讀高中時，體諒媽媽身為新科立委，和爸爸時常要在鄉里出入服務，忙得不可開交，為了不造成爸媽照顧的負擔，選填志願時，選擇就讀麥寮高中。我其實可以就近選擇虎尾高中，但在麥寮住校，維持一個有點遠又不太遠的距離，不但能獨立自理生活起居，他們在工作之餘也可以隨時探望。每個週末，他們會看誰有行程經過麥寮，再輪流來接我回家。

一個人住在麥寮，更容易從旁觀察媽媽擔任立委的民情反應，了解政治這個工作的辛勞。如果聽到有關家族成員的流言蜚語，也會在當下立刻澄清說明，這讓我超齡了解成人世界的運作方式；他們也可從我口中得知普通老百姓對政治新聞的理解。

十五歲起，我就開始能夠理解父母從事政治工作的甘苦，以獨立自主來減輕他們的負擔，他們既嚴格又寬容的教育方式和提供的生活空間，讓我得以獨立，從一個只愛偷看電視的小孩，變成懂得安排自己人生路徑的青少年。媽媽在工作上強悍果斷，在我們面前卻是溫柔寬容。有時候，選舉幹部覺得有些應該建議卻不方便開口的事，或者是希望媽媽能出席現身的場合，都會請我幫忙打電話溝通，他們覺得媽媽最聽我的話，只要我開口，她一定會答應，或排出行程。我想這些都是父母依然愛護我們的表現吧。

做為張家大家族的一份子，家中成員陸續參與選舉，我作為晚輩，雖一直到了研究所畢業後，才慢慢接觸選務核心工作，但在這段期間，和家族其他平輩們依然持續參與選務工作。小時候在家裡折宣傳單，長大點跟著出門掃街拜票，不管參選的人是舅舅、媽媽、還是堂哥堂姐，我們這一輩無役不與，相互扶持，選舉將我們的家族上下緊密聯繫在一起。

選舉對我而言不像是工作，反而成為對雲林鄉親服務的一項使命和責任。也因為這份使命感，才凝聚了家人的力量，再多的流言毀謗，都不敵鄉親熱情支持的力量，他們的回饋總讓媽媽及家人們很感動、並願意全力以赴，以回報大家對我們的信任。

儘管張家家族成員都忙於政治工作，從小就互相照顧，彼此關係緊密。

忙於工作的張麗善和張永成，面對兒女是採取既嚴格又寬容的教育方式，讓子女可以獨立成長。

輯三

以願發力

發願・公益成爲一生志業

日頭花

一九九〇年的台灣社會和以前很不一樣，台北街頭有很多社會運動，我們中南部也有很多股脈流在運作。我父親因近端肢體萎縮不良於行，加入了由病友串連成立的非營利組織，有空就一同參與社會運動，向政府爭取合理的資源，力求優化對身心障礙者的社會服務及工作保障，但僅靠少數個人的力量實在太微薄了。

一九九四年，幾經波折和努力，一群病友創辦了「雲林縣脊椎損傷者協會」。當時主要的發起人是住在虎尾的前立委王麗萍和李志琴大哥，但成立之時，他們邀請了我父親，同時也是雲林縣議會議長張榮味的父親，來擔任協會創會理事長；他們覺得對一個新創NGO，父親的身份再合適不過了；當時我也就責無旁貸地幫助父親，出任了協會的無給職執行長。

早期集會較不自由的狀況下，關懷身心障礙者福利的社團法人不多，當時雲林縣復健青年協會成立最早，把聾啞、視障、啟智及各種肢殘等不同屬性的身心障礙者集中在一起。我了解狀況之後，透過雲林各醫院的協助，把有列管的身心障礙者找出來，鼓勵他們成立符合自己屬性和需求的民間社團，以爭取適合自己的平權和福利。至於「雲林縣脊椎損傷者協會」主要服務的是後天傷害造成的行動不便者，我也四處聆聽他們的心聲，希望協會能為他們爭取什麼權益。協會會員們給我最多的回應：台灣的無障礙設施太少了。於是我便開始進行了法規研究和環境考察，看要如何改善，以滿足身心障礙者的需求，達到行動平權的目的。

台灣從一九八八年起開始推動建置無障礙設施，中央和地方都投注不少心力，但礙於法規不足，只有《建築技術規則》裡的簡略規定，使得成效並不明顯。我也自二〇〇五年擔任立委後不斷關心相關法案，終於在二〇〇八年春天，同時是我姪女張嘉郡接續擔任立委後的第一個會期，內政部營建署才以行政命令頒布第一版的《建築物無障礙設施設計規範》，正式生效後，台灣的無障礙設施建置，才有普遍且合宜的規範。但這行動平權的路，都是身心障礙者用盡心力爭取來的。

推動身障平權

時光倒回一九九四年，不管是客觀環境或是政府官員，對行動平權的觀念還十分模糊。我總是得帶著一群身心障礙朋友，到處檢查雲林境內的農會、郵局、銀行、學校、公所等公家機關、公共場所，讓身心障礙朋友們自己親身體驗，是否有適合他們進出該場合的路徑；如果沒有，就想辦法督促相關機關進行改善。其中，我印象最深刻的是到虎尾鎮公所前陳情。

身心障礙平權是一個進步國家的象徵。在政府推動無障礙設施的初期，我認為公部門更應該在身心障礙平權上做表率，然而當時的虎尾鎮公所正門沒有斜坡供行動不便者進入，公所裡更有位身心障礙者天天要上班卻沒辦法走前門，只能從後門進出，我覺得這有損他的尊嚴。於是我帶領著縣內七個不同性質的身心障礙團體的代表，有智障、聽障、視障、聾啞、行動不便等，一起行動。那個畫面我現在想起來還很感動：我看到聽障者扶著視障者的肩膀走路，智障者推著肢障者的輪椅，聾啞者又和另一類身心障礙者牽手同行，相互扶持、行動互補的畫面，大家站在一起、為著平權的路同行，是很美好的風景！

走進虎尾鎮公所，我代表七個協會，在一張超大的支票上寫著「〇年〇月〇日完成無障礙設施的改善」，要送給鎮長，希望他在上面簽名承諾，期待公所能在半年內完成施作。但當時的張鎮長似乎不明瞭我們訴求的重要性，無意即時應允，且對我視若無睹，裝做不在意，甚至跟我說「做彼是欲創啥？」剛好路過的鎮民代表王代表看到鎮長一臉無奈，便帶著困惑的神色和我打招呼，好奇問我到底發生什麼事，我也為他解說事件的緣由。王代表不加思索就轉身跟鎮長說「伊是阿味仔的小妹呢。」此時鎮長才停下腳步，大聲說「伊也無講伊是阿味仔的小妹啊！」旋而立即在超大支票簽上名字，並應允半年內完成公所、代表會及中山堂（現在的虎尾廳）的無障礙設施。

被貼標籤——她是張榮味的妹妹

類似的反應，我在陳情經常常聽到：張麗善是張榮味的妹妹！

我還未踏入政界前，在推動這些公益事務時，我完全不想特地提起自己是張榮味的妹妹，我代表的是有需要的人，是代表身心障礙族群，不是代表我自己，更不是代表張家，不需要什麼事都要抬阿兄的名號出來，好像得靠關係，才能把應該獲得支持的事做下去。阿兄的人脈雖廣，但在我獨立創業的時候，我希望靠自己的本事努力累積了屬於自己的人脈，彼此都是街坊鄰里，不管身份是什麼，我們都是雲林的百姓，平時互相幫助，在有需要的時候，地方父母官必須要耐心面對所有民眾的陳情，無論身份！甚至有一次我向官員表示：我代表脊椎損傷者協會。他居然半開玩笑的回我說：我也是脊椎損傷啊！這種輕忽的態度，顯示當時對身心障礙者平權的觀念還很薄弱，而我也因此更有鬥志，從小立志當父親的拐杖，因為這些無心的玩笑，我更明確未來自己要當所有人的拐杖。

記得第一次為了募款，我以雲林縣脊髓損傷者協會執行長身份拜訪縣政府，被縣政府告知，他們的施政重點是家扶中心而不是身心障礙者，當下我非常失望，還好有當時的社會處處長幫我另想辦法，他恰巧有一筆為數不多的預算還能使用，但活動主題必須是與紀念台灣光復有關，現場必須掛上相關的文宣旗幟。就這樣，我的第一場「人間有愛，環境無礙」公益演唱會就帶著紀念台灣光復為題揭序，補助雖只有八萬元。不過對身心障礙者的NGO來說，每一塊錢都是珍貴的。

就算是當年的八萬塊錢，依然無法支持一場演唱會的運作，所以我規劃要賣出一萬件的T恤。每件T恤的招標價格是六十九元，要籌足演唱會舉辦的成本，我先將T恤售價定在二百九十九元，每買一件就將其中的二百三十元轉為愛心捐款，幫助弱勢團體，讓買的人有衣服穿、有表演看，還可以做愛心，一舉數得。然後，我再找拜訪企業認購會場中顯眼處的看板，如舞台正前方及入口處等顯眼處，都能為企業打廣告，同時發揮募集資金的功效。

演唱會成功落幕後，我為協會籌得的善款順利成立無障礙貸款專案及就學就業基金。

有了演唱會成功經驗後，我計劃串連七個身心障礙相關NGO在虎科大操場籌辦慈善園遊會。首先要解決的是各團體對我的信任；我花好多力氣才讓他們相信，我不是要消費他們、辦完活動就會把他們丟在一邊，而是要開始一起做一些事，為彼此爭取權益。待七個團體有共識後，我再去向縣政府爭取補助，同時我也結合了救國團和很多公益團體將園遊會辦的有聲有色，當時擔任議長的張榮味也大力支持，並邀請吳伯雄蒞臨參加這場雲林縣有史以來超過五萬人的公益慈善園遊會。

演唱會大獲成功！當工作伙伴把收支經費結帳後，七個團體各自能分得四十八萬元的善款，大家都很高興；協會獲得了第一桶金，可以付租金、申請電話、買傳真機、影印機等辦公事務器材，從而繼續堅持下去，服務更多身障朋友。

籌辦活動時，我曾試著讓協會大家動起來，一起去賣T恤，藉此讓更多民眾接觸身心障礙者，好讓大家知道我們只是行動不便，其餘與正常人無異。於是便去接觸視力保健中心附近的一間公教福利中心。該商場位於二樓，需從一樓走樓梯上去，是我常去買生活用品的地方，附近很多居民雖來來去去，但進出空間也算寬敞。我想，身心障礙者若可以在出入口擺攤位為活動宣傳或義賣T恤等，效果應該不錯，於是就找主管協調設立臨時攤位。這類型的攤位，現在幾乎各大賣場都看得到；對賣場來說，等於是把閒置的空間拿來做公益，與身心障礙者是雙贏。

不過當時的社會環境卻不是這樣，大家對NGO的認知不夠清楚，政府對公益行動的管理也有漏洞，導致有詐騙事件發生。所以當賣場主管聽到我是代表身心障礙者的NGO時，質疑我只是來騙取民眾的同情。當我誠懇與他溝通，他先是問協會是否有政府立案登記，這點我非常有自信，立即告訴他協會的相關資料，但因為他從沒聽過我們協會，更不知道什麼是脊髓損傷，甚至以為我們是奇怪的組織還懷疑我是「宋七力」。顯見NGO在當時的台灣如雨後春筍般地成立時，大家對公益勸募的認識卻非常不足，畢竟解嚴以前的協會數量很少，感覺只有組織龐大、知名度高的大型協會才是「真的」協會，事實上，人數不多的小眾，他們更需要成立協會這類組織，把有共同需求的少數人聚集起來，以克服小眾特殊需求容易被忽略的缺點。

創立無障礙貸款專案

從小我就當父親的枴杖，深知身心障礙者僅僅因為行動不便，就可能導致後續生活困難，因此「行動輔具」對他們而言，是能自主行動的重要工具。但當時的身心障礙者如果要買輪椅、電動輪椅及電動機車等輔具，政府雖有編列社福經費以提供補助，但這筆錢的運作性質，是身心障礙者得自行先購買輔具、再將收據送到地方公所、地方公所再呈縣政府、縣政府再呈內政部申請，最終內政部再原路把這些錢發放給身心障礙者。這樣複雜的流程層層辦理下來，身心障礙者可能要等到半年才領得到補助款。

但多數身心障礙者的經濟狀況非常不穩定，要他們一次性先拿出三、五萬元出來是天方夜譚，許多人好不容易到處借錢，才能籌到買輔具的金額，我真為他們感到心疼。甚至有身心障礙者因無法湊足費用先購買電動輔具，而無法享受政府的德政。而我因為有了以前創業的經驗，並且親身參與幾場公益活動下來的心得，我發起以基金借貸的方法，創立「無障礙貸款專案」，提供身心障礙者專屬的資金週轉方式。

「無障礙貸款專案」的運作方式，是先透過協會接受申請，將基金借款給身心障礙者購置輔具，在他們申請補助前做週轉。然後等他們收到政府補助款後，再把錢歸還。但政府補助款是直接進到身心障礙者的個人帳戶，而非基金專戶。所以當款項提撥下來後，借款人要不要還？何時還？主動權在他們身上。協會本身也不方便對受助者透過法律方式強制他們還款，畢竟協助身心障礙者是協會的本意。然而當善意被濫用時，基金的本金自然愈來愈少，難以持續週轉給更多需要的人。這件事一度讓我心情很失落，但也正因這個經驗，讓我得以在當縣長時，可更有效的辦理輔具貸款專案，我將專案規劃成：身心障礙者只要負擔購置輔具的自付額，其餘的部分，交給縣政府直接對內政部，由一筆專款來支應購置費用的週轉。

另外還有一筆「就學就業基金」，是為了增加身心障礙者的就學就業機會而設立。基金的運作在我從事公益事業期間，雖幾經波折，也還算是順利進行。記得有次曾邀請阿吉仔等知名歌手來辦一場公益募款演唱會，希望能夠為雲林縣脊椎損傷者協會募得一百萬元的無障礙貸款基金、以及一百五十萬元的就學就業貸款基金。演唱會辦得很成功，協會也獲得很大的鼓舞，認為替身心障礙者爭取到更公平的生活環境。後來因為政府社會福利措施愈發完善，已能照顧上述身障者的需求，所以「無障礙貸款基金一百萬」及「就學就業貸款基金一百五十萬」便順勢退場，而這加起來二百五十萬元的經費，轉做為購地經費的用途。

找尋釣竿・崎嶇的就業平權路

日頭花

台灣對身心障礙者的就業權益保護，在一九八〇年至二〇〇七年間，是用《身心障礙者保護法》來管理，其中在二〇〇一年才通過的第三十八條，規定了公私立機關的身心障礙者進用需達一定比例（本法案於二〇〇七年我立委任內更新為《身心障礙者權益保障法》，以下簡稱《身保法》）。但在二〇〇一年前，我就已經帶著協會的人四處陳情。

身心障礙者生活上最困難、無法獨立的地方，是他們往往被認為無法在一般職場工作，但如果可以給身心障礙者就業機會，他們會更加很珍惜、比普通人更努力。為此我曾帶著協會的人到福懋公司、台塑六輕等雲林在地大企業爭取就業機會，希望他們可以配合政府政策「一百個員工中，需要進用一個身障人士」，提供百分之一的機會給身心障礙者。大型企業的工作型態很多元，總是會有適合身心障礙者的工作。有些企業以為進用身心障礙人士很麻煩，寧願被罰款，我就特別去找各企業溝通協調，希望能找出既讓身心障礙者有工作、企業又不用被罰款的方式。其中，讓我最感動且覺得最具示範意義的是豐泰公司，一般私人企業的進用比例需達百分之一，但豐泰在經過一段時間的嘗試後發現，聾啞人士非常適合他們的生產線，進用的比例大幅超過百分之一，還可以為企業賺到超額進用獎勵金。

另外，在公家機關的身心障礙員工進用比例，則需達百分之三。公家機關有一些工作的性質很適合身心障礙者，我常常會去注意哪個公家單位有缺額，然後想辦法說服該單位的主事者依法進用身心障礙者。阿兄在擔任縣長時（一九九九年到二〇〇四年），我就常建議他提高進用比例，甚至為此和他爭執過幾次。有次北辰國小有工友缺額，該校在法規上也需依規定進用身心障礙者，但因為該校的人員配置在《身保法》施行前就存在，一直要到有人退休，才有員額進用身心障礙者。我找了校長，校長也同意往這個方向規劃；校長覺得校內有三千個學生，有八個工友，進用一個適任的身心障礙者，不但可以讓學校因進用身心障礙者而免繳罰款，還可以讓學生與身心障礙者更接近，親身學習行動平權。

但阿兄作為縣長，得知此事後，覺得我不該特別強調進用身心障礙者，找到適合的人即可；此時我們兄妹都想解決問題，但立場不同：他認為找到對的人比刻意找身心障礙者更好，我則認為公家機關本來就應該給身心障礙者更多就業機會。在溝通的過程中，我們像回到孩童時期般的爭吵，彼此誰也不讓誰。最後阿兄似乎是被感性戰勝了理性，難得以哥哥的身份順了我這個妹妹，也是為數不多他用私人情感在公務上給予我機會。雖然當年我堅持自己是為了身心障礙者爭取權益，完全沒有私心，但現在想起來，要不是有阿兄這份寵妹妹的心情，我在公益事業的進展不會如此順利。但也顯見當年的社會對身心障礙者的就業問題，確實不如現今來得重視。

爭取經銷公益彩券、募資提升就業機會

二〇〇五年，在我任職立委前，當時台灣公益彩券即將開始發行，經銷商的遴選規定為「具工作能力之身心障礙者、原住民或低收入單親家庭」，保障了身心障礙者的優先經銷權，這是一份很適合他們的工作。但由於彩券剛開始發行，市場才剛開始，只有大城市才能獲得經銷商資格，人口較少、經濟動能較弱的雲林當然未被排入優先經銷縣市，也讓雲林的「具工作能力之身心障礙者、原住民或

低收入單親家庭」失去了這個自力更生的新機會。於是我陪著身障朋友一起走上街頭，積極爭取能在第一階段便將雲林納入經銷縣市。但一開始給的名額實在太少，我後續持續爭取增加名額。

依據規定，經銷商要領購彩券時，得到指定銀行才能辦理，但雲林的金融機構相對較少，對不住在虎尾、斗六等縣轄市鎮的經銷商而言，要領用彩券變得困難；身心障礙者本身都行動不便了，再加上雲林交通不夠發達、當時低底盤的公車也未普及，很多中南部的城市，都是等到二〇一〇年前後，公車廠商才開始陸續汰換成低底盤公車以便利身心障礙及老人。

為了解決這個問題，我去找雲林二十個鄉鎮的農會行庫幫忙，看是否能將讓身心障礙者受惠的彩券行業在雲林落實。當時農會行庫認為彩券領購利潤太低、鄉下地方銷量不大、還得預先保管彩券，對行庫而言是件吃力不討好的工作，我花了很大的力氣說服他們。雖然也能理解行庫人員的想法，但對於一心想為身心障礙者爭取任何機會的我，無論是在旁人看起來是多沒必要、多微不足道的事情，只要可能為身心障礙者帶給他們一輩子穩定的收入，再小的可能性我都要積極爭取。

與各界溝通身心障礙者工作權益的過程裡，常聽到有人說：身心障礙者工作能力不佳，跟不上企業或機關的需求。

我也理解身心障礙者容易因為長久以來因行動不便導致學習效能落後，但這不是他們的腦袋不好，只是台灣的學習環境並沒有為他們做調整。既然如此，我就來為他們安排教育課程，養成企業需要的技能，讓企業可以安心交待給他們工作。我先前募到的一百五十萬元「就學就業基金」，就此派上用場。

當年的《身保法》雖說已要求各縣市政府為身心障礙者提供職訓，但在執行上，縣市政府辦的課程一定是集中上課，也意味著上課的空間需要有無障礙設施，還是老問題，行動的便利性對身心障礙者非常重要，如果不方便參與公部門的職訓課程，就必須自己想辦法學習，可是，身心障礙者如果連行動輔助都買不起了，電腦這類能快速培養工作技能的工具，就更買不起了。

要解決這些問題，我便以基金來辦理「重殘居家電腦教育」專案。一方面募集了一批堪用的舊電腦給加入學習課程的學員，一方面尋求雲林在地大專院校學生的支持，以一小時一百元的時薪，委託他們親自到身心障礙者家裡，教導電腦基本技能。會選擇以電腦技能作為優先職訓主題的原因，除了身心障礙者很難面對要消耗強大體能、要求多點移動的工作，卻非常適合坐在電腦前處理文書等工作，當時我們請大學生教他們基本的 Office 軟體操作，讓他們有機會到公司裡執行適合的任務。

募得的基金，在正式停止專案後餘款約有二百餘萬元，大家便決議去買一塊地，蓋一間協會專用的會館及停車場。會館可以提供協會成員做各式集會、復健和輔具使用訓練之用，可以說是身心障礙者的第二個家。

當時阿兄已經是縣長了，看著我多年來為身心障礙者爭取權益，讓他也開始關注如何運用政府資源來照顧身心障礙者們，在經過多次的考察和會議，最終規劃了一筆經費給各個身心障礙協會蓋會館，每當有協會制定了完善的會館設立計劃，縣政府就提供三百萬元的經費補助。

只是，蓋會館跟普通買地蓋房不同。以雲林縣脊椎損傷者協會為例，便於身心障礙者能行動的空間設計必須設置電梯，加上其他內部輔具、復健器材等等，整體建造起來比一般樓房的要求還多，當時縣政府的補助經費對募款效能不足的協會是完全不夠用的。於是當時我先去找台塑王永慶先生幫忙，他聽完我的計劃，一口氣就捐助了五百萬元！有了我的經驗後，其他身心障礙者協會也陸續啟動建設專用會館的計劃，並找我幫忙籌募款項。第一個來找我幫忙的是啟智協會，他們在透過各種管道募款後，尚差了四百多萬元。

我先幫他們開記者會，且很快就募到百餘萬元，然後再度去拜訪王永慶先生，他又二話不說，再度捐了三百萬元給啟智協會，協助他們完成會館籌建計劃。接著是雲林縣聽語障協會，他們的會館建設需求和其他身心障礙協會不同，而他們也需要募款，好籌足增蓋樓層的費用，以最大化利用好不容易購買的建地。這時我找的是台電促協金，他們有一些費用用於回饋地方團體。

當時台電的處長蕭金池常常被我請託，有次他跟我說：「妳和其他立委不一樣！」因為我跟他請託的內容，都與弱勢團體有關，無關黨派色彩。而這次聽語障協會便在台電捐款二百七十萬元後，增蓋了二、三樓。在增蓋的時候，因為經費來自縣政府及台電兩個不同的公部門補助，一樓和地基是縣政府補助經費，二樓以上則是台電促協金補助款，所以我還指導他們分樓層完工驗收，好讓公部門的補助費用可以依約銷帳。

而聽語障協會的案例我覺得很棒的是，他們利用該會館，籌辦了一間由聾啞人組織成的清潔公司。聾啞人的四肢大多是健全的，僅因為和普通人溝通較困難，使得他們無法正常工作，而清潔工作正好適合聾啞人士，當我們一起為其爭取各公私部門的清潔外包工作，勞力則從協會裡的聾啞人遴選，並將薪資的極小部分回饋給協會，薪火相傳，做更廣泛的使用。聽語障協會以獨立自主，永續經營的規劃、不一味的依賴補助、募款，讓身心障礙者學會主動爭取生活保障，給其他雲林縣的身心障礙協會很多啟發。

相伴．這一路，有你眞好

日頭花

我在和身心障礙者一同爭取權益的過程裡，見證非常多身心障礙者為了自給自足、而必須相互扶持，甚至相伴人生的故事。我覺得每一則都是動人的生命詩篇，十分感人。

在斗六開設記帳士事務所的林秀妹及沈永祥夫妻讓我最感動。兩人都是後天脊髓損傷造成的嚴重傷殘，林秀妹在念台中商校時因為交通事故，導致頸椎以下癱瘓，肌肉很難控制，下肢無法動彈，連手指都很難彎曲，吃個飯都要耗費很多力氣，只剩一隻手指頭還可以打電腦；而沈永祥則是在中船工作時發生工安意外，被重物壓傷腰椎，導致下半身癱瘓。我之前在協會辦理聯誼會活動，讓年輕的單身身心障礙者互相認識，看看有沒有機會成為終身互相照顧的伴侶。

同為台西人的林秀妹與沈永祥兩人是在聯誼活動上認識，進而戀愛，然後於一九九五年結婚。沈永祥跟我說，當他回家跟家人說自己要跟林秀妹結婚時，家人都很反對，因為他們覺得自己兒子都需要被照顧了，結果居然要娶一個病況比他更嚴重的老婆。不過兩人情意堅定，仍決意互伴終身，我當時便協助他們辦了一場「世紀婚禮」，共同見證了他們精采的人生里程。兩人果然也堅持至今，甚至在二〇〇三年還生了一個試管寶寶，當年還被前副總統呂秀蓮認做乾女兒，如今都快二十歲了，實在是奇蹟！但凡認識他們的人都知道他們的身體狀況，生下寶寶的過程比一般父母還難上好幾百倍。

每回見到林秀妹，她都穿戴整齊還化妝，我當年一直很好奇她怎麼做到的。後來有次去他們家中拜訪，我親眼見她要從床上爬起來，因為無法用四肢撐扶坐起的關係，她必須單靠身體來回蠕動、一次移動幾公分，持續努力一段時間後，她才能讓自己安全下床，但要坐到輪椅上，又要賣力調整姿勢，最後才能到梳妝台前穿戴打扮，把自己弄得漂漂亮亮。我自己也會每天和她做一樣的事，但我們普通人只要幾分鐘輕鬆做到的事，她卻要花費全身力氣。家裡的庶務，如拖地洗衣等，則是沈永祥負責，他因為搆不到洗衣槽，所以在洗好衣服後，必須用好幾種工具協作，才能夠把衣服成功曬起來。另外，林秀妹作為記帳士，每個月固定要跑稅捐機關，處理廠商委託給她的稅務工作。此時上半身尚可活動的沈永祥便開著他專用的改裝車，載林秀妹到稅務機關報稅，兩人一同打拚生活。

二〇〇五年後，沈永祥爭取到了彩券經銷資格，開起彩券行。兩人在艱難的身體條件下，不僅養大了自己的孩子，還從一開始租層小公寓，到現在已經在斗六市郊買了一棟二手透天厝，建立自己的小天地。買到那間房子，也是上天祝福。兩層的房子四面環繞陽台，一般陽台大概不會做太深，但這間房子的陽台卻可以讓他們整台輪椅推進去，把房子繞一圈。至於他們的孩子也承襲了他們努力認真生活的態度，說得一口好英文，滿十八歲後，改由孩子載著父母出入，十分孝順。

在他們身上看到生命的韌性

而我最敬佩的人是李志琴，我都叫他大哥，他是協會創辦過程中的靈魂人物。大哥原本來是在台灣蠶蜂業改良場任職，也是遭逢工安意外導致頸椎以下癱瘓。他在受傷之前已經結婚、還養育著四個小孩，原本夫妻兩人共同撐起一家六口的生活就很辛苦了，出意外後更是雪上加霜。他有次跟我說，剛出意外時，妻子必須擔任一家之主出外賺錢，因為經濟壓力大，接了很多臨時工，如殯葬業或是在收成季節當農工，一接到電話就得往外跑。那時李志琴因沒有行動能力，對未來感到灰心，覺得妻子過得這麼辛苦，總有一天她會受不了離他遠去，而李大哥的父母，因擔心兒子的身體無法康復，遲遲未能將財產分配給他。

李大哥當時很想自殺，卻連咬舌自盡的力氣都沒有。但有回他開著電動輪椅去田裡，正好看到妻子在大太陽底下揮汗採收鳳梨，她非常認真的在面對生活困境，心想自己怎麼還在原地自怨自艾、消極生活呢？他不該成為家庭的負擔！於是他開始開著電動輪椅去買便當，送到田裡給妻子，兩人一起在田間吃便當，此時他覺得自己幫得上忙、派得上用場，原來行動不便的人也可以幫家人做事！後來他動腦規劃了一座自動化輸送裝置，把採好的鳳梨從田中央送出來，簡化了鳳梨採收工作，也讓妻子省了搬運鳳梨的力氣。鳳梨採收後，妻子再開小發財車和他兩人到莿桐街口賣現削鳳梨，由妻子負責削鳳梨，他則負責大聲叫賣「好吃的鳳梨來了……」，收錢裝袋。此時他特別有「成就感」！

非農收時期，李大哥又利用自己曾在蠶蜂業改良場習得的專長，銷售自養的蠶寶寶，供作自然課觀察生態的中小學生使用。如有多餘的蠶，他便收集蠶繭做手工藝品販售。他不但完成了自給自足，還幫助很多其他身心障礙者。協會曾經在他的教導下，把蠶繭染色穿絲後，編織成一朵朵的蠶繭花，到車站或其他公共場合擺攤販賣。蠶繭花顏色多變、觸感柔和，一朵蠶繭花賣二十五元，很多朵包裝在一起後，便變成美麗的花束，很適合送禮或當裝飾。

在文創產品廣泛流行前，有些民眾不理解手作之美，甚至質疑蠶繭花的價值，他們不知道架上的花束，背後都是身心障礙者用自力更生的努力和勇氣做出來的。我心中不禁為身心障礙者感到不平：即便不喜歡蠶繭花、不想買，也不需要對身心障礙者冷言冷語！幸好社會上仍然充滿許多有愛心且喜歡蠶繭花的朋友會來光顧；每逢特殊節日活動，蠶繭花攤位總是圍滿了挑選的客人。後來陸續十幾年間，大哥蓋了幾間農場，讓身心障礙者及一般人，都能來體驗農場生活，經過大哥精心設計，農場中還提供給坐輪椅的遊客親自下場操作的環境。

在數不盡的個案中，我從一開始認為自己的護理背景，能夠提供他們幫助，到後來，我只不過給了他們一點小小的協助，便在他們身上看到無比的潛能綻放出來，是我在投入的初期不敢想像的。我常回想，在三十歲前，待在醫院十多年，看盡生老病死苦，但如今，我則看到許多像林秀妹、沈永祥、李志琴等在生命困境中奮鬥、互相扶持的例子。星星之火可以燎原，我能不能幫助更多人？

後來，在政治路上，我看到了這個可能。

從草創到茁壯，我們是血緣之外的家人

文／林秀妹

一九九〇年代初期，在雲林的身心障礙者福利組織並不多，較知名的是位於台中的一個綜合性聯合會。一九九四年，在我們開辦協會之前，只有台北偶爾有人來關心。他們雖然很溫暖，但對於改善雲林身心障礙者的困境，卻力有未逮。因此，成立一個在地的、分項的身心障礙者協會，以服務、輔導不同身心障礙者的需求，尋求較為永續的處理方案，十分有必要。而脊髓損傷者協會便是在這個目的下開始籌辦。

被照顧者因為身體失能的因素，多處於社會弱勢家庭。協會籌辦之初，對於任務的優先順序無所適從。因緣際會認識了張麗善的父親，邀請張老先生擔任理事長，之後才有延攬麗善擔任執行長的機會，協會也因此得到方向，讓麗善以她的專業與熱忱帶領我們一起完成任務。

接任執行長之初，麗善沒有擔任任何政治職務，只是一個具有護理專業背景的平民百姓，與我們共事沒有階級之分，也沒有因為哥哥擔任議長，在領導協會業務上表現強勢。相反的，她對自我要求很高，在擔任執行長後便開始積極探訪更多被照護者，並從訪視經驗中啟發出許多想法。

之後，麗善邀請我擔任協會秘書長，在業務分工上，由我負責內部事務，她則專心外出尋找資源和探訪受照護者家庭，我在內勤工作上負責媒體聯繫與新聞稿發布。由於我的身體不便，只能上半天班，為了分攤業務，減輕我的負擔，她另外延攬了她的國小同學黃小娥擔任全職秘書。

麗善上任之初，首要任務是尋求資源。當時很多身心障礙者協會組織因為資源、資金不足，都有巧婦難為無米之炊的窘境，會員加入各個協會後，協會卻無法提供足夠的協助，導致會員得靠自己解決困難。

為了解決這樣的困境，麗善帶著我們發想，如何以有限的資源讓身心障礙者得到最直接的幫助。有時，只是早上靈光乍現有了想法，下午就起身出門去實踐。在這個過程中，她不但帶人帶心，同時以正面能量給了我們很多信心；我們過往因為身體的緣故，對很多事情不敢想，也缺乏相信自己的自信，但她卻總能以積極樂觀的態度提振我們的士氣，並設法找出一條向目標前進的路。

一開始，她安排身心障礙者到各鄉鎮定點去販售面紙，雖然收入不多，卻能讓這些身心障礙者有面對人群的機會。之後她和台鐵協調，安排大家以斗六車站前為定點，販售蠶繭花，提高可見度、擴大與人群的接觸，之後甚至有其他縣市的身心障礙者不遠千里、騎著摩托車跑上百公里來共襄盛舉。當年沒有復康巴士，無障礙設施也不夠普及，身心障礙者必須克服重重困難，才到得了車站，儘管如此，共襄盛舉的人數卻是與日俱增，可見這樣的規劃讓大家開始有了信心。

經過上述的嘗試、摸索和淬煉，她進一步籌辦公益活動，而且是幾乎每週都有活動。一九九五年她邀請全國脊髓損傷者相關協會，一起到斗六體育館辦活動，這個活動轟動全省，各縣市都有身障代表來與會，也正是在這過程裡，全省開始關注公共及交通設施的無障礙設計，是否對身心障礙者足夠友善。

這次活動的成功，不僅帶動了協會士氣，同時讓其他縣市的脊髓損傷者建立自信。如果連雲林這樣一個偏鄉協會都能籌辦如此大型的活動，那他們所居住的縣市，一定也可以。就這樣，麗善的積極與勇於任事，鼓動了全國許多身心障礙者的信心。

這場活動，全國來了上萬人。但這一天對我的人生有更為不同的意義。因為當晚麗善幫我和我先生安排了一場婚禮。

外子與我都是脊髓損傷者，我們在協會辦活動時相遇相識。在結婚典禮前，雙方父母未曾謀面，甚至一度反對我們的婚事。麗善不但說服了他們，還為我們籌辦了一場我從不敢奢望的婚禮，一場「人間有愛、環境無礙」的音樂會，同時帶來全國上萬人的祝福。她邀請全國脊髓損傷者來雲林一聚，還貼心安排住宿。在當時，不要說復康巴士了，就連一般旅店都不一定有無障礙設施。在安排住宿時，必須和旅館溝通，設置方便脊髓損傷者出入的輔具設施，看似小事，卻極為麻煩。但她以耐心與體貼一一克服。

一連數場成功的活動，為許多身心障礙者協會帶進資源，有了資源，協會就能無後顧之憂去發展專業的會員輔導工作。

她的人格特質中具有超強大的感染力，這股感染力不只在協會內起了安心的作用，面對遇到挫折，因此洩氣、失去信心的受照顧者家屬，她也以這股溫柔與耐心說服、安慰，並設法解決他們從來不敢相信得以解決的困境。

麗善致力於讓脊髓損傷者自食其力，不單靠社會的救濟度日。安排了居家電腦教學等服務，輔導脊髓損傷者習得一技之長，順利走入社會。有一技之長，當然還得有頭家願意聘請，因此她走訪企業主，說服這些企業聘用脊髓損傷者。但不只脊髓損傷者，在奔走的過程中，她同時為其他雲林的身心障礙者協會尋找工作機會，雲林的身心障礙者們對於她的努力與無私付出，都心存感謝。

即便後來她從政，陸續擔任立委、縣長，也從來沒有忘記過我們，不時關心我們的生活起居，對她而言，我們是她永遠的家人。

輯四

勤繼志業

背刺・昨日的夥伴，今日的陌路人

阿兄張榮味從一九九〇到一九九九年當了兩屆議長、一屆議員，接著又在一九九九年到二〇〇四年間，擔任雲林縣長，歷經十五年的政治生涯，他確實是個專業的政治人物。

政治這個工作，都是一步一腳印走出來的，但他隻身一人絕對無法走遍每個角落，十幾年來，我們家族成員成為他的分身，尤其母親終日都需協助他「跑場子」。我自然也參與其中，共同為鄉親服務彷彿成為大家心照不宣的默契。阿兄看著我長大，不管是學生時期、在醫院工作、獨立創業、兼顧家庭，按現在的話說，我已然是一位「新時代的獨立女性」，這樣的形象和認真的態度，完全就是他心目中理想的好幫手。就在我和事業合作夥伴建立起深厚的信賴關係後，我得以抽空幫

日頭花

助阿兄服務鄉親的工作，也是透過他，我開拓了自己的人脈和眼界。

開始陪伴阿兄的這段期間，只要好的候選人我們都會全力輔選。也因為我們在雲林一直認真的經營人脈，有時只要阿兄開口拜託，父老鄉親都會全力支持。為了不辜負這份信任，阿兄在答應輔選前有著嚴格的標準，候選人不只是要品行端正，更要確保對方當選後能最大化雲林民眾的利益，並且能堅守初心，把服務鄉親的熱情擺在第一順位。只要能得到阿兄的肯定，他絕對義不容辭，動員所有人脈來幫忙，因此該候選人選舉勝出的機會就可能大大增加。

政治本就複雜，很多事瞬息萬變，縱使有鄉親熱情力挺，也未必能保證勝選。但只要我們認定的好人選，都一定會盡全力幫忙。畢竟雲林能夠有好的人才出任服務工作，對所有雲林人來說才是真正重要的。許多人在輔選期間和我們的關係形同家人，那種氛圍彷彿選舉結果已不重要，而是在過程中共同聆聽各地民眾的聲音，我們總是跑完行程後，在凌晨時分在辦公室開會，商討著如何先解決眼前鄉親們的求助，並將需要時間改善的問題加入政見中，我非常喜歡這樣的工作狀態，縱使一回到家就倒頭大睡，卻總是能做一個甜滋滋的夢。感覺自己不僅僅是那個又會在醫護界幫助患者和家屬的護理師，而是能幫助更多人的張麗善。

■與高孟定一起上戰車

然而夢境偶爾會被現實當頭棒喝，正是這段期間，阿兄嚐盡了人情冷暖，昨日還以家人、夥伴、戰友相稱的人，在經過落選的打擊後，彷彿人間蒸發似的，等不到我們跟他說：沒事，未來還是有機會，只要繼續努力付出，雲林的鄉親一定會用選票肯定你。少數候選人選擇一夜之間和我們形同陌路，更有甚者會因勝負心太強，將這份失落發洩在我們身上，這時的阿兄，啞巴吃黃蓮，有苦說不出。

高孟定是台大博士，專長是都市計劃，曾在一九九六年代表綠黨當選末任國大代表。後來阿兄希望革新雲林縣政，對他的專長心生敬佩，加上兩人來往十分順利，每一次見面都相談甚歡。阿兄誠摯的發出邀請，希望搭檔參與雲林縣縣長選舉，由高博士擔任副縣長，兩人一起為雲林服務。

當年國民黨並沒有提名張榮味，而是提名了蘇文雄。帶著些許不甘心，我和高孟定一路領著車隊，出發前往雲林縣黨部，希望黨部給我們一個能接受的說法，因為當時民眾對阿兄參選的期望很高，很多鄉親陪著車隊，當時的場景鑾觸動我的，當大家凝聚成一團，由我和高孟定站在「戰車」上喊著口號，透過「衝衝衝」和「毋通衝」的信號，民眾配合著行動，共同「戰鬥」過來的夥伴，彼此相互信任，現在想起鄉親們往前衝的身影，還有高孟定和我一同透過麥克風高喊口號的畫面，雖已物是人非，卻歷歷在目。

該年選舉在以三千多票敗選之後，阿兄和高孟定兩人持續合作，深耕雲林地方事務。一九九八年的縣長補選中，阿兄順利勝選，高博士也依計劃擔任副縣長，一起為雲林擘劃未來。再到了二〇〇一年，第五屆立委選舉前，無黨籍團結聯盟因希望在立院成立黨團，以作為國會裡的制衡力量，也來請阿兄幫忙，阿兄便推薦當時沒有任何黨籍的高孟定參選，並全力為其輔選。那時阿兄其實同時間也為另外兩位國民黨候選人曾蔡美佐和許舒博輔選。當時因為陳水扁剛當選總統，民進黨聲勢浩大，對當時的國民黨來說，是一場硬仗，不過最終三個候選人都順利獲選，大家的得票率都在九至十%之間。

前縣長張榮味競選時與高孟定搭擋。

起心動念．爲了阿兄的委屈

日頭花

讓我做候選人這件事，起初有幾次機會，但我都婉拒了。

阿兄在地方上有很多人支持他，且在參選議員前，就已經在幫人家輔選。一九八九年的縣議員選舉活動開跑後，總部的核心選務伙伴有五個人，大家都叫他們「五虎將」，個個都是能獨當一面的得力大將，負責幫阿兄爭取選票；阿兄為了選議長，則全力幫其他議員輔選。他原本要拉我出來選議員，但當年我在秀傳醫院上班，錯過了機會，不過每次選戰，也都少不了我。我在他競選總部幫忙的時候，主要工作是處理雜務；除了負責打掃外，每天一早會煮羅漢果汁給宣傳車上的麥克手，讓他們可以好好地為「張榮味」參選議員做廣告宣傳、爭取選票。

在服務選民的過程中，阿兄自認擅長幫大家跑腿服務，可是個性較為木訥、不太會對群眾講話。反觀自己的妹妹，不但有著護理師的清新形象，從小還參加過很多演講比賽、從不怯場。而更重要的是，我對服務他人的熱忱與行動力非常高，才能在醫院工作時的取得優秀的表現，顯然我比他更適合參選議員。

只是第一次他決定要開口詢問時，已經是選舉登記的最後一天。那天一早他便用 B.B.CALL 傳訊給我好幾次，要我趕緊回電，那天是我同學出嫁的日子，我去當同學的伴娘，B.B.CALL 機一整個早上都放在手提包裡，加上現場很熱鬧，我來不及回電給阿兄。遲遲等不到回電的他，只能自己硬著頭皮申請參選。第二次，是一年後的第二屆國民大會代表選舉，阿兄再次問我要不要參選，我那時正值自己創業初期，也想專注把家庭照顧好，他後來就選擇推派陳錫東參選。

大概是二〇〇四年四月，第六屆立委選舉開跑，大家都希望阿兄能推薦自己人參選，所以優先在家族裡找適合的人選。阿兄一開始就知道我的狀況，本來沒要找我參選，畢竟我這幾年來早拒絕他好幾次了。他先找張永成談，因為他也跟著阿兄參與了好幾次的選舉，老公跟我一樣是個熱情的人，腦子動得比我還快，也很了解民情，但張永成認為自己還是待在幕後較適當，再三思考後也婉拒了阿兄。阿兄只能又問弟弟張啟盟，啟盟起初有點興趣，便到各地方開始嘗試服務民眾。但幾個月過去，弟弟竟回頭來跟阿兄說自己不適合。阿兄思前想後，或許妹妹張麗善還是最好的人選。

以無黨籍參與第一次立委選舉

對於選舉這件事情，在服務方面我們一點都不擔心。但要不要參選，卻是需要坐下來好好商談的大事。阿兄的縣長任期到二〇〇五年三月，當時正值立委選舉，他身為縣長，但很多人希望他轉戰立委，如果他馬上就投入立委選舉，不僅可能會耽誤縣政，更會讓民眾覺得是個「落跑縣長」，觀感十分差。從一九八九年的縣議員選舉算下來，我不斷的投入輔選工作，對於社團經營也完全不陌生，尤其是身障團體，我投入其中，很了解弱勢者需要哪些協助和支持。

當時阿兄認為我適合參選，三番兩次來說服我，作為小妹，一直拒絕他也太任性了，所以這次我選擇答應了阿兄。而心裡也有了準備：希望我只是備胎；希望到時候他能決定自己參選，而我則能繼續專心發展自己的事業。加上當時小孩都很小，本就忙得不可開交，且從政本來就不是我人生的優先方向。

就在我跑選舉行程一個多月後，我開始覺得選舉很辛苦，這時跟我一起跑選舉的姪女張嘉郡，就會為我加油打氣，她說：「姑姑，我們是法華經行者耶，沒有經過考驗，怎麼成就大事！」確實，身體雖然辛苦，但心情卻很好，走到哪裡，鄉親都給我溫暖的回應，歡笑聲和支持聲從沒有停過，大家非常熱情，這給我很大的鼓勵，當時真的感覺好像每張票都是要投給我的。

同年六月，國民黨內立委提名初選領表，再到了七月，總統大選失利的黨主席連戰下鄉進行感恩之旅，來到雲林縣黨部召開座談會，討論國民黨如何能走出總統大選失利的陰霾，以面對接下來年底的立委大選。席間有黨員跳出來質疑：國民黨的立委提名初選，一個是張麗善，她是縣長張榮味的妹妹；一個是張碩文，時任水利會長的兒子，兩個人都是張榮味主要的輔選人，張榮味主委一人是不是就把國民黨的選舉資源都用光了？其他人分配不到，根本就是內定、不公平！進而有人還說：總統大選的雲林開票結果不佳，張榮味應該要負責，而不是再推妹妹出來瓜分國民黨日益稀少的票源，這樣會讓民進黨得利！

阿兄當時正面回應黨內的質疑者，既然大家要他為敗選負責，那張麗善和張碩文就退出國民黨初選，反正自己從來沒有用國民黨的資源謀私。對於選舉，他永遠抱持只推薦大家覺得好的人，而不是強推對自己好的人。因為當時聲勢最強的兩個參選人，正是我和張碩文。時任主席的連戰和郭素春立委等人，在席上分析情勢給與會者聽，總統大選失利不會只是一個人的責任，特地點名張榮味並不會對討論有任何幫助，幾個人好不容易將場面緩和下來，換阿兄不想落人口實了，他正式聲明：我決定讓張麗善退出國民黨初選，張碩文的部分，就由他們家自己決定吧！

因此，我雖未退出國民黨，但也撤回了國民黨內立委提名初選的表格，改以無黨籍參選。我自己當然是聽從阿兄的安排，作為參選新人的我，曾擔心退出國民黨會不會影響我的支持度？那時比我熟悉選情的張永成，努力的幫我加油打氣，不斷告訴我心裡能掌握的票數，大概有三萬五千票，比安全票數高一點。所以只要再拚一點，就可以提高得票數，當選的勝算還是很高，有老公給我的信心，我決定不再擔心黨籍問題，努力爭取鄉親認同才是最重要的工作。

還在參與國民黨內立委初選時，我為了拍短片，在領口別上國民黨黨徽，以表示當時即使藍綠變了天，我們家人從政十幾年來，服務民眾的態度始終如一。

後來因為有人檢討連宋競選總統失利的原因，連帶的要我阿兄承擔敗選之責；反對者認為，不能讓張榮味在敗選之後，仍於黨內擔任重要工作，以免他在立委初選上刻意偏袒我，從而削減了黨內其他候選人所應分配到的資源。為了讓阿兄避嫌，我主動在七月時退出國民黨初選，自行參選，完全不打算動用到國民黨的資源。

此時，我身上若再掛著黨徽就顯得不太合適了。我應該另找個圖騰來代表我的信念。

當年我熱心參與創價學會，還加入學會的「金葵會」。會員們常一起在慈恩堂（納骨塔）替往生者頌經唱題，祈求他們後生善處，也分擔著打掃周邊環境的工作。會內前輩常說「女性是一家的太陽」，隨時給人帶來溫暖與希望，這便是金葵會的宗旨。

同時，二〇〇〇年後的台灣是個新時代。孩子教育的信念慢慢從「虎媽」式轉向導引式的親子教育，希望父母是「陪伴」孩子走過童年而不是「帶領」孩子走過童年，以便讓孩子們對自己更有自信，讓成長過程充滿正面思維。同樣身為母親，對教養議題本就特別關注。剛好有一次我在翻閱《天下雜誌》時，看到它的封面寫者「在每個孩子心裡種下一朵向日葵」，意思是要讓孩子們心存正念、勇敢樂觀、勇於接受挑戰，像一朵向日葵。

■ 八即是發，發即是開

從金葵會到《天下雜誌》的封面，「向日葵」這個意象在當時一直向我靠近，我便隨著這些提示，決定將「向日葵」當成我的標誌。且為讓在地民眾覺得親近，我採用當地人常用的台語說法：「日頭花」。後來，縣府的首席顧問黃逢時，為了我的標誌寫下：「向日葵、日頭花，毋驚雨打，毋驚風吹，是伊、是伊陪伴阮，勇敢向前飛！」我也常用它來鼓勵自己。

做出決定後，我便去虎尾找創價學會一位會做拼布的會友，幫我製作日頭花的胸花。設計完成後，再跟她學習製作方式，並採購布料，然後去找家扶中心的姐妹們幫忙，一起縫製一批的日頭花，好分發給我的支持者。沒想到，會友的手藝可是老師級別的，像我和姐妹們這種新手級的，所做出來的日頭花胸花差異甚大。老師們做出來的花又正又挺，我們這些新手做出來的日頭花則歪扭不齊。我研究許久才發現，原設計的日頭花是七片花瓣層層交疊，新手做起來很難讓花瓣間的角度一致，每朵日頭花才都長得不一樣。我們自製的花雖然不太好看，但畢竟是大家的心意，就看成每朵都「有特色」好了，最後還是勉強拿來用，不過後來發生候選人抽號碼牌的小插曲，決定乾脆重做一批。

正式向中選會登記參選後，中選會便擇日在公開場合讓所有候選人抽籤決定號次。幾乎所有候選人都希望抽到符合自己期待的號碼。我也為自己祈求好籤運，希望能抽到一號，方便選民蓋票。不料，即便我已熱切每天唱題祈求，結果還是在同屆十四個候選人裡抽到了八號，選票上的頭像剛好會被擺在中間，對我來說，那是最不方便選民的號碼。畢竟我是新人，不像同屆候選人曾蔡美佐、侯惠仙，選民對他們的相貌十分熟悉。大家雖認得張榮味，但總不能在我的照片旁邊再放上阿兄的照片吧？

當我已經確定是八號候選人後，我的頭上已經是烏雲密佈，沮喪的我找了創價學會內的前輩請教，訴說自己沒抽到一號心情很沮喪。不料前輩聽完反而開心極了，他說：「恭喜妳，妳可是真正的法華經行者，我們的佛堂也是八葉蓮華。八即是發，發即是開，妳一定會高票當選！」

這一番話，當場把我點醒，頭上烏雲瞬間散去。結合我們習慣將數字八跟「發」字的聯想，再加上我決定用日頭花作為形象的代表，如今再抽到八號，這些巧合加起來實在絕妙！那我應該把原本難以製作的七片花瓣，改製成的八片花瓣的日頭花胸花才對，於是馬不停蹄地再去找會友，麻煩她更改設計，並重新製作一批胸花。這次，好姐妹們在製作時，因為花瓣角度可以上下左右交叉對齊，做起來比七片順手得多，所以每朵花都綻放開來、每一朵都很漂亮。

同時，我也需要自己像朵日頭花樣不能倒下，因為阿兄在八月十三日那天，出事了。

大難臨頭·時窮節乃見

日頭花

二〇〇四年八月十三日早上，我在水林老人會拜訪並致詞，但台下聽講的人都對我投向奇怪的目光。是我講得不好嗎？雖然帶著忐忑的心情，但我還是將演講順利結束。直到中午，我才從總部助理那裡聽到檢方要即刻拘提阿兄，要我結束行程立刻趕回總部！因為一早就出門跑行程，當時沒有網路新聞，只能從報紙或電視才能得到最新訊息，所以沒有注意到阿兄出事。

這個消息無疑是晴天霹靂，對我而言是很大的打擊。因為有三個候選人都需要阿兄輔選，且夥伴們不斷回報外面對此事的複雜反應。有人認為：這是民進黨政府的政治操作，刻意在選前抓他，企圖影響地方選戰，但地方鄉親有情有義反而特別支持張麗善，不要讓民進黨得逞；還有人認為：如果這個情勢發展下去，票都會集中到張麗善身上，這樣對張碩文、陳劍松兩位候選人不利；更有人認為：阿兄出事後，本就應該要讓張麗善接續努力，才能讓我的選情更加穩固。回想當年這場選戰出現的裂痕，在後續幾年逐漸擴大，後來有人陸續出走，違背了阿兄及數年來大家為其經營的政治前途。

當時所有人都在討論選情時，我只想問：阿兄呢？他人現在在哪裡？

阿兄那時為了不被檢方拘提，開始了一百多天的逃亡。我作為他的胞妹，同時又是候選人，非常地忐忑。我的肩上有兩個聲音不斷交會，作為兄妹，我十分擔心他的安全；作為一個專業的候選人，我必須冷靜下來思考這起事件對自己的影響。如果阿兄不出來面對，我一定會成為其他候選人攻擊的目標；他如果被捕，我的選情則必然受到波及。同時，當時檢方為了抓到他，想必有人時刻緊盯我的行程，團隊不免擔心競爭對手會使用「不正當」的手段，以抓住阿兄的名義，實際上卻是趁亂干擾選舉。

誰也不知道逃亡中的阿兄在哪裡。在這敏感的一百多天，他幾次打電話給我，都是在關心我的選情，直到我已經快急哭了，他才向我簡短報了個平安，他為了保護大家，絕口不提他人身在何處。電話中他不斷提供我關於選舉的建議，甚至連我在選舉場合該講什麼，他都耳提面命式的提醒。阿兄冒著被抓的風險，仍關心著每個候選人的動態，我的心情是既感謝他、又擔心他，非常複雜。

阿兄後來跟我說，當時是選戰最後一百天，既然當初叫妹妹出來選，就有責任幫忙我及黨內其他同志的輔選。如果他被抓走，即便知道自己是清白的，但也勢必無法事事親力親為在選舉的關鍵時刻幫上忙；如果到時候我或其他黨內候選人沒選上，那他這次將真正成為敗選的藉口，進一步造成國民黨內的分裂。所以，為了讓選舉不受他被通緝的影響，他決定在大家投票前，用逃亡的形式讓選舉順利進行，寧可自己一肩扛起臭名來，無論如何都不能影響選情。

頓失依靠，看清人情冷暖

在阿兄不在的這段時間，我也看清人情冷暖。四月間，我曾經和阿兄在台西跑行程，並和支持者們用餐。同桌有位擔任寺廟主委的樁腳，同桌的人都說他是阿兄的「死忠仔」，他當場也掛保證會挺我挺到底。但到了八月阿兄被通緝那天，我正巧要去拜訪那位寺廟主委，他卻當場變了張臉，一直數落我和先生張永成，說我們都把他的委託當空氣，害得他承諾別人的人事案沒做到，讓他很沒面子。

我忍不住當場掉下眼淚。這位主委怎麼會在阿兄出事後，翻臉比翻書還快呢？

隔週當我心情較平緩後，想再度去拜訪他時，他這次卻選擇直接後門駕車離去，連面都不見。這事我只能放在心裡，除了老公外，沒有特別跟其他人提起。但還是有更多朋友和以前一樣，自始至終都不離不棄、支持並相信著阿兄，對他和對我的心意，從不因任何事產生改變。對這群朋友，我除了感謝，還有感動。

阿兄不在身邊時，阿嫂一路緊陪著我。在講台上，阿嫂常有感而發，悲從中來，眼含著淚，拜託鄉親把票投給我，以表達對阿兄擔任縣長任內施政的支持與肯定。同時阿嫂也跟我說，阿兄要她特別去幫其他兩位站台，以穩固另兩人的選情，不能把票全部集中在我身上。

選前最後一天，那天是星期五，到了下午五點多，傳來阿兄落網被捕的消息，所有候選人都在總部整裝出發，準備做最後的掃街拜票。但此時阿兄反而傳話要我忍住，他特別要我不能哭，也不要在演講時提到他，這麼做是為了不讓同情票集中到我身上，以免影響另外兩位的選情。同時，阿嫂做為阿兄的分身，也特別與張碩文及陳劍松等人的選舉團隊溝通，要他們穩住陣腳，並保證我不會為了讓自己當選而挖走他們的票源。

在登車掃街拜票的時候，路燈忽明忽暗，因我已淚眼婆娑、看不清遠方，覺得一路走來都是阿兄在扶持，因為我的選舉，而拖累他了。直到行車至順天宮前，我下車入廟，跪在神明面前泣不成聲。許多人以為我是因為選情壓力而哭，但其實我在神明面前，是在祈求阿兄能一切平安。

阿兄在逃亡期間已向媒體表示會在選後主動投案，絕對不會逃亡海外，他只是需要時間完成他對三個候選人的承諾。而在選前最後一晚，即我掃街拜票做最後衝刺之際，他已提早被抓到了。後來我才了解到，當時阿兄是為了要去山線幫張碩文加強選情，在路上被警察逮捕的。他後來提到此事時還笑著說：其實警察們看到車裡是他，反而不知所措。畢竟在出事的幾個月前，阿兄還是他們的長官，甚至心裡對他並沒有什麼負面印象，當時攔停阿兄的車後，阿兄看出警察有點為難的樣子，是他先打破沉默，讓警察趕快將他上銬拘提。畢竟許多警察都為了他的案子辛苦加班，阿兄認為該來的總是會來，不能再讓更多人牽扯到麻煩之中了。

當晚他被拘提到中機組，隔天再被拘提到地檢署。傍晚選舉剛開完票，我確認以第一高票當選立委。那時的隨扈幫我打聽到阿兄應訊即將結束，稍晚會轉到二監拘禁，我立刻從總部來到地檢署。一方面希望可以當面確認一百多天沒見到面的阿兄是否一切安好，同時也想跟他表達感謝之意。到了地檢署外等候的我，有人主動來跟我說，要帶我去地檢署裡上廁所，我聽得很納悶，過兩秒我才懂他的意思，便又問「我可以進去地檢署上廁所嗎？」「當然可以，你現在是立委呢！」

下車入內後，阿兄正好在轉移偵檢庭，瞬間我們在走廊錯身相遇，他對我喊了一句話「麗善，恭喜你當選！」接著說「我是清白的，我毋代誌。」我聽了更確信阿兄的無奈。幾分鐘後我走出地檢署，外面都是民眾和記者，記者們也一直問我問題，我不加思索將阿兄對我說的話，轉述給大家。過一會兒，聽說偵訊結束了，阿兄即將要轉押到二監。此時又有人來通知，說阿兄有話要跟我說，要我趕緊去找他。但因沒人知道他會從哪裡離開，我便在署內一直團團轉，到處問人他會從哪裡離開。接著我遠遠看到阿兄正被檢警推押上囚車的身影，我不假思索就是朝車子的方向狂奔，等我快跑到時車子已緩緩啟動，我依然跟在後頭追。還好車子還在署內車道上，沒開太快，駕駛看到了我在追車，也就停了下來。

當時的我上氣不接下氣，囚車的一小扇窗推開了，我看到阿兄被銬在囚車的囚籠裡，便止不住眼淚汪汪痛哭起來，在我哭得毫無思緒時，只聽見阿兄堅定的說：「麗善，人格是尚重要的，咱是支持王金平的，你知影某！」

所有的事情就發生在短短數小時內。我愣在原地思考阿兄對我說的兩段話，當囚車遠去後，記者蜂湧而至，紛紛問張榮味交待了什麼給我。我收起悲傷的情緒，或許當時我的眼睛已經哭腫了，但我盡可能平靜地面對採訪：「我哥哥只說人格是尚重要的，咱支持王金平選院長！」

謹記・阿兄的叮嚀

日頭花

二〇〇四年十二月十一日，第六屆立委選舉結果，在選民認同下，我拿下接近十五%的選票，在六位雲林縣立委中名列最高票。然而整個立委選舉中，民進黨當選八十九人，國民黨當選七十九人，民進黨成為立法院第一大黨。當時民進黨野心勃勃，意欲順勢拿下立院龍頭。不過，因為全立院共有二百二十五席立委，需要一百一十三票才能過半數，所以民進黨和國民黨都必須說服他黨立委票投自家候選人。

在政治光譜上，民進黨和台聯較近，兩黨合計共有一百零一席，國民黨則與親民黨、新黨立場較一致，三黨共有一百一十四席。因此民進黨雖然是立院第一大黨，但立法院長選舉對泛藍政營比較有利；民進黨推出的院長人選若要順利當選，他們的策略是無黨籍及無黨聯盟合計十票一定要爭取到，便開始四處遊說他黨及無黨籍立委，若能達成逆轉，便是選出中華民國政治史上第一位民進黨籍立法院長。而我作為無黨籍的當選人，阿兄被捕入監，成為民進黨人覺得可以進行遊說的破口。

那時民進黨林姓立委代表綠營，數次來跟我談院長選舉；而且他們不只找我談，也找母親、阿嫂及其他阿兄的好友談。當時我們家的人得到一個很清楚的訊息是：如果張麗善這票投給民進黨的院長候選人，那麼張榮味的司法案件就有轉寰餘地。家人對此看法各異，有人覺得如果我把票投給民進黨，那阿兄就有救了，每天我耳邊都充斥著「你一定要救你阿兄」的呼喊，有人認為這是在分裂我們家族和泛藍陣營之間的關係，他們的話不能信。每個人都希望阿兄能平安歸來，但因為立院院長的票是我在投，所以家族裡的各方看法，全部都壓到我身上，加上媒體當然也不會放過我，天天來確認我的投票意向。

然而我不管是面對家人還媒體的追問，只是一再重複：「我哥說，『人格是重要的，我們要支持王金平』。」

這說法對一些熟悉政壇運作方式的前輩來說很不能認同。前輩們不是不支持王金平，而是覺得我太單純了、不會玩政治，畢竟在立院開議、院長投票前的這四十多天內，我手上唯一的籌碼就是立法院長選票。如果要提高自己的身價，就不要告訴別人我的投票意向，這會讓我失去交換價值；不管哪個陣營，都會因為我已經攤出籌碼，而不在意我的意向。

這些「政治」我當然懂，但我也認為，我這席立委是為了阿兄爭取來的，我們做人直白，照阿兄希望的意思去做就好，不要太多花招，讓人家以為我們是可以被收買的；而且如果我投給了民進黨的人選，哪天阿兄出來了，他要怎麼做人？要怎麼面對向來支持他、支持雲林地方建設的王院長？我要投票給阿兄的「人身」自由還是「人格」自由？

用高情商面對紛擾

我當下面對媒體的說法，在團隊內部也引發爭議。因為有人會耳語，我不肯承諾把票投給民進黨的人選，是為了自己未來的利益；加上阿兄被收押禁見，那句「只投王金平」，只有我一個人聽到，有些人開始猜測張榮味也許從來沒有說過這句話。甚至有人講明：若為了救張榮味，張麗善應該放下一些堅持，等自己的哥哥被放出來後再說，反正王金平應該不差這一票，以院長的性格，他一定能夠諒解。

承受著多方壓力的我，也曾去找宋楚瑜談。阿兄和任省長時的他關係也非常好，就像自己的家人般，相信他會給我引導。但有意思的是，明明我聽宋省長的意思是「照阿味兄的話去做就好」，但與我同行的家人，卻似乎認為宋省長給的意見是：我們應該照自己的判斷去做。總之，那陣子每天都有人打電話過來，有些還是親密的家人。大家都希望把阿兄救出來，他都給了很多意見，中間有些人對我產生誤解，脫口許多情緒性的發言，我都能諒解，也都默默承受下來了。

二〇〇五年一月三十一日，是立院開議、同時也是院長投票的前一天，王金平院長招待無黨團結聯盟立委們晚宴，希望了解委員未來在立院的態度，並商討與國民黨團合作的可能性。不料，我那夜因為在席間吃了蝦子導致過敏，餐後送急診，脖子紅腫無法說話。在醫院度過了大半夜，許多人電話聯絡我要做最後的遊說，但我當時在病床上什麼都無法回應。隔日，我帶著虛弱的身體去立院投票。最後王金平以一百二十三票順利當選第六屆立法院院長。

一年多過去，阿兄假釋出獄，他特別跟我解釋為何當時特意交代我必須支持王金平，之所以連恭喜當選都來不及說，是因為怕我沒有政治經驗、可能會被有心人拿他來操作。但讓他欣慰的是，我並沒有因為他身陷囹圄，而出賣了他的人格，他也能夠繼續驕傲的說，他是有情有義的「阿味仔」，是所有雲林人最能信賴的兄弟。而我為了他所做的堅持，也終於得到了團隊的理解。

新手立委・漫長學習路

我所擔任的第六屆立法委員，是最後一屆的三年任期制，和現在的制度不同。第七屆之後的立委，因配合總統的任期，已改為四年，與總統大選一起舉辦；第一年我需要一點時間上手，之後兩年便熟門熟路。同時，第六屆立委的選區原為大選區多席制，第七屆後改成小選區單席制，因此我雖然跟虎尾地緣關係較大，但我要服務的範圍是全雲林縣、不能只專注在我的主選區，所以我除了虎尾外，在北港再設置了一個服務處，以方便接受民眾陳情。

從步入立院開始，王金平院長就對我特別照顧。當時阿兄還在羈押中，我如果在問政時碰到問題，就會去找王院長。當時他也協調讓我加入無黨團結聯盟，組成政團問政，無盟有顏清標等立委帶頭，讓我加快了學習的腳步；為了報答阿

日頭花

兄的栽培，我非常努力學習當一個稱職的立委。

第一年任期間，只要早上有問政，下午會再安排看守所特見，我會帶一些老朋友去看阿兄，然後晚上再回宿舍，用心準備隔日問政的資料。持續去看阿兄，是希望他不要因為從縣長之尊到身陷囹圄，就覺得過去的努力付諸流水，連親妹妹都忘記他，好像不想跟他沾到邊。事實上阿兄給了我很多幫助，他做了兩屆縣長，對於雲林地方的需求比誰都清楚，對於雲林碰到地方財政劃分時，有哪些預算應該跟中央要，哪些可以自行地方籌措，該引用什麼法條、找什麼人，他都從旁指導讓我一個立院新手很快上路。

另一位值得一提的，是阿兄任內的縣政府主任秘書陳武雄。當蘇治芬縣長於二〇〇五年入主縣府後，用盡方法要陳武雄主動辭職。他是資深的簡任十二職等事務官，曾經幫助阿兄很多，但一直秉持中立行政原則，是阿兄主政縣政府團隊的一名良將，也是整個雲林縣政府的支柱。當時的蘇治芬或許顧慮到政治立場，沒有重用他，實屬可惜。所幸後來王金平院長在找參事，熟悉地方行政事務的陳武雄非常適合王院長的需求，便邀請他加入立法院團隊，且升任為十三職等，還給這名老將尊嚴。這項看似單純的人事異動，其實是我任內提供雲林人更大的幫助。

由於人在台北，找陳武雄溝通當年阿兄在任時的施政重點，使各種提案能更加完善。後來這位「北漂」的老公務員，對於六輕聯外道路的建設及許多縣政府建設經費籌措來源，提供很大的幫助。

菜鳥問政感念資深神隊友

第一次會期十分辛苦，但對於很多新手而言，相較之下我是幸運的。自己作為一個立院菜鳥，從一個護理人員變成立法委員，要學習的事非常多，除了上述長輩、前輩的指導外，更慶幸的是當時有前立委陳劍松的團隊來幫助我，成為我問政的助力。

阿兄雖然幫過很多立委輔選，但沒有實際在中央問政的經驗。陳劍松曾任第五屆立法委員，第六屆選舉時代表親民黨參選，一直是阿兄輔選的對象之一。但由於那年的民進黨太強勢，讓陳劍松以些微票數之差未獲連任，但他的立院團隊成員經驗十足，故在我就任後，他便將整個團隊借將給我，讓我得以快速上手、服務鄉親。其中一位現為雲林縣議員的黃文祥，曾任我服務處主任，另外蔡子偉、施正中、程榮貴等人，當年就是他們在一旁協助我熟悉立委事務，讓我在短期間內建立了一個堅強的立院團隊。

帶領團隊是我過去歷練的一部分。在擔任護理長、或經營視力保健中心的經驗裡，如何知人善任、凝聚士氣，是我的強項。另外，第六屆立委選舉的選區是以整個雲林縣為單位，沒有分成小選區，所以我在虎尾和北港各設立一個服務處，每週的立院會議結束後，我立馬奔回雲林，並於每週五、六下午，分別於兩個服務處接待民眾，處理各式陳情案件。

由於在醫院工作過，對於病歷整理十分熟悉，所以也把一套檔案管理系統經立院團隊改良後，導入選民服務。每個陳情案都像是一份病歷，分別裝入紅黃藍三種檔案夾內，針對緊急處理案件、待追蹤案件、執行中案件分門別類，把陳情案件的急迫性和處理階段視覺化，隨時可以提醒工作人員目前的個案處理進度。我自己會在每週六下午召集各鄉鎮秘書來，檢視他們手上的陳情案件，查看有哪些可以速速解決、回覆民眾、有哪些是要找地方官員及民代幫忙處理、有哪些是我應該要在隔週帶到立院去做進一步的資源或適用法條的協調。層層處理，逐漸建立了一套具有張麗善風格的立法委員工作體系出來。

輯五

撥雲見日

整裝・從故鄉出發

日頭花

度過了第一年莽莽撞撞的「新生訓練」後，第二年阿兄離開監所，我更能心無旁騖的在立法院大展身手，將自己定位為「全台灣的立委」。

這期間我努力成為一個新科立委，卻獲得不少人的側目。許多地方縣市的立委，在進到台北大都會後，就把資源集中到台北去，從而懈怠了反映地方民情需求；以前的立委很容易用「國會要開會」當理由，疏遠了原本的選區。我則是納百川之海，不管你當初有沒有投給我，有需要的人我都會給予幫助。我當時的名片上，甚至印著自己的行動電話，和多數其他立委的名片只印頭銜和服務處電話比起來，要找到我本人非常容易。

有位鍾姓前縣議員甚至在他的辦公室案頭，直接放上我的名片，逢人便誇讚我「這款人才是立委，電話隨打隨通」，只要撥打行動電話就能找到我，我一度被稱為「全台灣尚好找的立委」。他在來找我前，原欲找另一位立委陳情，但打了十幾通電話卻都找不到人，才轉而找我幫忙。像我這樣親自上城下鄉、馬不停蹄的立委，在當時真的找不到幾個。

爭取雲林對外交通改善

而我上任後，經手處理的第一個大案子，正是快速道路台七八線連接台十七線與台六一線路段的改善問題。

台七八線是一條貫穿雲林縣東西向的快速道路，東起古坑，西接台西，從山到海，能將台六一線、國道一號、國道三號等三條高架高速道路的車流貫串起來，是全台灣東西向快速道路中最長的一條，可以說是雲林縣內的最大交通動脈。台七八線自二〇〇二年起由東向西，陸續通車。我上任立委不久後，當時的台七八線末段通車，但末段只接得到台一七線，離台六一線還需改走一小段六百公尺左右的平面道路。對車輛來說，得先下台七八線，停紅綠燈，然後再爬上台六一線，車輛在高速和低速間轉換，造成不小的風險。記得剪綵的隔天，就有一輛貨車在這個路口因車速忽然減緩導致煞車後翻覆，駕駛不幸過世。

當地人士向我反映說，這個路口的高低速差太大，駕駛根本反應不及，是設計不良的「殺人路段」，應儘速改善。我就和當時的台西鄉長李培元、鄉代主席吳充裕等人到現場抗議，認為「錯誤的政策比貪污更可怕」，向交通部長蔡堆爭取經費。從交通部的立場來看此案，這個路段才剛落成就要修改，實在很難處理。

另台六一線原本是規劃成近高速公路使用，速限都在八十公里上下，但因各地方陳情，最後全段開了三十二個缺口上下高架的交流道，以銜接地方道路。結果各交流道都有類似狀況，在兩條速差太大的路口交匯處，車禍頻傳，交通部也只好採取封路改善，導致民眾抗議聲不斷。我雖可以理解交通部的立場，但民財損傷也是放在眼前鐵錚錚的事實，所以便積極向交通部爭取，進行可行性評估，希望在維持行的便利之餘，也能給鄉親一條安全便捷的回家路。

可行性評估進行了三年，以觀察整體的建設需求，且就算過了可行性評估，也要再編列經費進行工程。不過這個路口的高架化，雖然看起來只有一段，但它把雲林的山線和海線串連在一起，使雲林的地方資源流動更為快速、便捷、安全，因此我十分堅持台七八線的高架化勢在必行，必須得加速改進。

然而當我開始請願到最後完工時，已經是二〇一四年的八月底，整整過了十年。而且當時若不是因為二〇〇八年後由國民黨執政，且經立法委員張嘉郡，不斷的要求毛治國，務必要將台七八線和台六一線完全高架化，並獲得交通部支持百億經費，最終實現了當年的願景，真正縮短了雲林縣山海的距離（台七八線），也縮短了台灣南北的距離（台六一線）。

建設・解決鄉親之「痛」

交通的安全和便利，一直是雲林人的「痛」；雲林人一直以來沒有完善的交通網絡可使用。其中雲林北面的麥寮六輕一帶，也是待解決的問題。六輕的快速發展，提供上萬個雲林人的就業機會。但接下來的問題是：雲林子弟要上班時的交通路線是否安全、便利？

雲林通往六輕周邊的道路使用率很高，六輕雖有提供給地方政府一年六千萬元的養護費，但這筆錢連重新舖設柏油路面都不夠。然而六輕所繳納的稅每年超過三百億元，卻因為稅制的關係，這些錢多為「國稅」，其中只有十一億元是能進到雲林縣政府的口袋，其餘的部分，是經由行政院中央統籌分配，才能供作雲林縣政使用。但六輕對周邊人文及自然環境顯而易見的衝擊，都要由雲林縣政府和縣民自行想辦法面對。我每個月收到的陳情案裡，絕對少不了與六輕相關的意見。

日頭花

有次在和已任立法院參議的陳武雄聊到我收到的陳情時，他說阿兄任內一直向中央爭取的六輕各條聯外道路——包括雲一線、雲三線、一五三線、一五四線——數十公里的路都需要修復拓寬。如今有我在立院向中央依法爭取，再適合不過。六輕在阿兄任內迅速發展，而延伸雲林目前能因應的交通建設已然不敷使用，亟需補強翻新，卻苦無足夠財源，將事情一次做到位。而阿兄亦不像他後來的縣長，帶頭去跟六輕抗議，爭取經費；這也是王永慶很欣賞阿兄的原因，他從不會藉由民怨跟企業藉勢生事端；跟大企業抗議這種事屢見不鮮，但如果帶頭的是縣市首長，就是一把雙面刃，不僅影響其他企業前來投資的意向，就算爭取到了錢，但會破壞了企業和政府間的信任。再者，馬路終究是公家的財產，鋪設馬路則是為了讓雲林的子弟上下班更方便及安全，本應由政府來負責。真正的問題來源是目前「中央吃飽、地方餓倒」的稅制，這個問題長久以來困擾著雲林縣政府甚至其他地方政府，眼下對我們的難題是：雖然六輕給了雲林不少就業機會，但也產生諸多負面影響。

在陳武雄進了立院後，經過他的提點，我用一九九九年甫修訂的《財政收支劃分法》三十五條之一：「對於努力開闢財源具有績效者，其上級政府得酌增補助款」來作為突破口。由於這條法規很新，也讓我成為台灣地方自治史上第一個引用這條法律爭取經費的立委。後來其他有類似情況的縣市，也就可以比照辦理，但稅收的公平正義即使到現在還沒有完全落實。之後交通部認可了這項專案，便分配了六億三千萬給雲林縣進行六輕聯外道路（雲一、雲三、一五三縣道、一五四縣道）的拓寬，加上張嘉郡擔任立委後也持續幫忙一起爭取經費拓寬更多路段，雲林整體交通狀況才得到稍微舒緩。

其中位於雲三線上的台西鄉，該路段車流量大，大家都說要拓寬，但工程需要五千萬元。中央經費撥下來後，便交給地方縣政府執行。但時任縣長蘇治芬卻遲遲不肯發包動工，這讓台西鄉長李培元十分火大，明明經費下來的卻不動工，怎麼溝通都不得下文。

有回台西五條港安西府張李莫千歲出巡迴駕，李培元和一群信徒在廟口迎接時，他意外的在轎前下跪，向千歲爺抱怨縣長不肯動工，使台西鄉民受苦受難，要千歲為鄉民主持公道，口吻相當氣憤。這事發生在眾人面前，自然也傳到蘇治芬耳裡。也許她也心虛，便指示縣警局加派七、八名警力保護她，說她會遭到暴力攻擊之類的。這個加派警力的專案叫「雲頂專案」。在我上任縣長後，取消了這個專案，因為我沒做什麼虧心事，所以當縣長只要一個隨扈跟著就好。讓警力去照顧縣民需求，會更有效率。

再生・一座廢墟的華麗變身

現已是雲林觀光重點的虎尾空軍基地，開發與改建也是我任內爭取的成果。當時的虎尾鎮鎮長陳振輝，地方上都叫他「啞口輝」，因為他能力很強卻不擅言辭。他擔任鎮長時，對虎尾有不少想法。他當過幾屆的縣議員（一九九三至二〇〇五年），鎮長則只當一屆（二〇〇五至二〇〇九年），但僅僅一屆的時間，就給虎尾帶來很大的變化。

其一，就是虎尾空軍基地的活化再生。虎尾空軍基地在日治時期到戰後初期，曾作為空軍訓練基地，後來訓練基地移去岡山；到了我婚後不久，那裡就幾乎完全廢棄。十幾年的時光，讓原有的軍舍破落待整，甚至藏污納垢、成為治安死角。不過該地也因此有許多大樹蔽蔭的空地，適合作為公園。我上任後，陳振輝帶我

日頭花

去勘查，他說虎尾只有一個同心公園，公共綠地不足，加上虎科大經營得很成功，年輕人大量湧入虎尾，需要更多休閒空間。所以他向我陳情，希望能向空軍借地來整理，蓋個生態公園供民眾使用。

當時我不懂空軍那裡要怎麼協調，所以回到立院就去找時任國防委員會召集委員的顏清標委員幫忙。他二話不說立刻把空軍的人找來，約好時間就去現場會勘。該地對空軍也沒有作用，所以我們的訴求很快獲得國防部的允諾，他們借地給雲林縣政府，再由雲林自行籌措經費整理建設，既敦親睦鄰，又減輕他們的管理責任。

■ 催生布袋戲傳習中心

初步協調後，國防部願意挪十公頃土地供雲林縣政府使用。既然有了地，我還想讓它更有特色一點，便向文建會（今文化部）建議，在虎尾這個布袋戲的故鄉，效仿宜蘭的傳藝中心蓋一間「布袋戲傳習中心」；文建會為此補助了縣政府八百萬元做規劃，後來由雲科大的團隊得標。

在爭取用地的同時，逐漸壯大的虎科大也來尋求校地。虎科大在一九八〇年創校，前身為雲林工專，後陸續改制技術學院、大學，並增設許多科系，校地早已不敷使用。歷年發展過程中，逐步增加的幾塊校地，卻分散成校本部、運動場和宿舍等，空間運用即將遇到瓶頸，所以也來向我求助，居中協調和國防部爭取建校用地；國防部當時初步同意撥用十三公頃給虎科大。在我當年開了頭、爭取到二十餘公頃後，以及後來立委張嘉郡與其他在地立委陸陸續續的爭取下，最後國防部撥用了四十幾公頃出來。原本八十幾公頃的空軍基地用地，有一半都讓雲林縣使用。我和張嘉郡身為立委，只能幫雲林爭取經費，但要落實還是得回歸縣政府的執行。不過當時雲林縣政府的施政效率並不高，當文建會都已經正式更名為文化部、還歷任了兩屆總統，這個「布袋戲傳習中心」居然是到了我當上縣長後的二〇二一年才動土。

原本廢棄的用地，在活化後即將成為雲林的新亮點。而我任內的另一項重大推動，就是努力爭取到台灣高鐵雲林站設站。

雲林高鐵站‧化不可能爲可能

日頭花

高鐵雲林站建站的過程十分艱難，當年蘇治芬和劉建國試圖跳出來「割稻尾」，說雲林新站是他們去爭取來的，還把吳敦義和國民黨施政罵到不行，我實在看不下去。所以當時我在第一時間加入高鐵權益促進會，當時不分黨派，和雲林另一位尹性立委也加入其中，後續李應元也爭取加入，我們已經在推動多時，而且我多次帶著促進會成員或雲林同鄉會多次拜訪殷琪董事長，爭取雲林高鐵設站；而高鐵的財務革新，更是在吳敦義、張嘉郡主導下才成功的，高鐵才有經費可以蓋新站，這些都是無法扭曲的事實。

高鐵原本就計劃通過虎尾，阿兄任內也完整高鐵特定區合計四百多公頃的土地開發。但一開始無法確認高鐵公司是否要在雲林設置站點。在我勘查高鐵在虎尾的路線後發現，高鐵公司有規劃南北交會的緩衝軌道，只要加上站體，就可以在此運輸乘客。但初步詢問的結果，高鐵因為財務困難所以還沒有雲林站的設置計劃。為此，我和虎尾鄉親們成立了「高鐵權益促進會」，以爭取高鐵在雲林設站。促進會第一屆的會長是虎尾鎮鎮長陳振輝，籌備時期的總幹事是鎮長秘書陳鎮煌，我和另一位雲林立委尹伶瑛也都一起加入推動。待成立後，則由當時的議長蘇金煌擔任主任委員，隔年新任的雲林副縣長李應元也共同加入，一起遊說殷琪董事長爭取在雲林設站。

當時不分黨派，為了雲林發展，我和蘇金煌議長、陳武雄參事、雲林同鄉會董事長譚量吉等人，多次和高鐵公司董事長殷琪開會，爭取能在雲林設站。殷琪告知高鐵目前沒有規劃的原因除了設置一個站體要花數十億，而他們評估雲林的交通流量並不足以回收設置站體的費用，故建議雲林可規劃公車轉運路線，讓雲林人到嘉義或台中搭高鐵。當下我無法接受，其他人也認為這樣的折衷方式對雲林人來說是治標不治本。所以我們進一步協調是否可設置簡易站體，以降低高鐵的支出。但高鐵公司評估後認為可能會有安全疑慮而作罷。

同鄉會譚董事長為免除高鐵公司的投資疑慮，還特別號召許多雲林鄉親，前往聲援，當時以鼓勵同鄉會成員以買年票、月票的形式，保證高鐵雲林站的流量。

遺憾的是，殷琪董事長終究沒有滿足雲林人的期待。

■ 財務體質不佳延宕新增設站

現在想起來，這也無可厚非。高鐵公司在營運初期十分艱難。高鐵公司在一九九八年成立，二〇〇六年開始通車，還沒開始賣票就先虧了一百三十一億元，賣票後的第一年虧更多，虧損到了二百九十四億元。這中間最大的問題是高鐵成立初期借到的錢利息很高。一九九八年的基準放款利率約為八％，到了二〇〇六年，銀行的基準放款利率下跌一半到四％以下。但在高鐵不斷增資增貸後，也不見改善財務狀況。

高鐵公司的本業雖可以賺到一些錢，但財務體質卻非常危險，眼見都要倒閉了。所幸在馬英九就任總統後，責成當時的行政院長吳敦義解決此事。近年來社會上對吳敦義有許多誤解和迷思，但在我看來，高鐵公司能持續營運、雲林站能夠設置，吳敦義的功勞很大，我十分感謝他。

待我卸任立委，由張嘉郡接任後，我欣喜高鐵權益促進會仍可以持續鼓吹雲林設站，但高鐵本身的財務危機，讓他們實在沒有餘裕。在原始股東不願意增資的情形下，財務危機進入僵局，連持續營運都有困難。吳敦義當時便把聯貸的銀行團找來開會，溝通四千多億元的借款利息調降的問題。

在高鐵管理權回歸政府主導、由政府做擔保的前提下，銀行團才同意以較低的利率借新還舊，解決了高鐵的財務危機。如此一來，高鐵借款的利息由六、七%降到了二%，省下來的利息錢，約莫一百億元。有了這筆錢，高鐵才得以重新投入雲林及彰化、苗栗等三站的建設。

上任後積極規劃高鐵大道道路改善工程，讓雲林鄉親使用高鐵聯外更便捷。

穿越與延伸・讓回家的路不再迢迢

日頭花

從高鐵聯外道路這件事，更可以知道一位地方首長施政的實力是深是淺，到底是靠無止盡的口水戰？還是踏踏實實地耕耘雲林的在地建設呢？

在高鐵決定設站前，交通部和高鐵區早就決定了高鐵南北站的聯外道路，預算約三十七・六九億元，阿兄任內也完成了土地徵收工作。但這項工程依然是在我擔任縣長任內才得以完成，離高鐵雲林站設站完成已有十年，之前提到六輕衍生的交通問題得以改善、布袋戲傳習中心的動工，延宕了十多年，一直到我上任縣長後，雲林的建設才逐步的推動。

聯外道路中有一條是虎尾高鐵通往斗六的聯外道路，會和中山高交會。斗六連絡道原本的設計是跨越中山高，但這個設計會需要比較大範圍的地基，周邊徵收的土地也大增，受影響地主多達三百多位。這些地主一開始先找一位林姓立委，後來才來找我陳情，希望縮小徵收面積。我收到陳情時，想說這件案子已經有人在處理，應該不需要我再插手，畢竟單一窗口陳情、協調，對行政單位也不致造成困擾。立法委員們雖不同黨派，但也都是同事，刻意插手別人正在經手的案件，對服務民眾的效率會大打折扣。然而地主們紛紛來告訴我，原本說要幫忙的立委在當選後就不理他們了。既然沒有「挖牆角」、「踩線」的困擾，我便直接接手，除了幫他們成立自救會，也先贊助他們一些錢，希望能有拋磚引玉的效果。

我因曾自己親身帶領過身心障礙等團體，對於這種業務我早已駕輕就熟。讓一個自救會能有效率地爭取到合理的權益，是非常重要的課題。當自救會一成立，我便領著里長、代表們去立法院找負責此路段建設的交通部鐵道局開會。地主們的想法是：許多土地都已經傳了數代，大家都不想自己的土地徵收後因分割問題搞得家族紛爭不斷。我們便詢問是否有可能從高架改為穿越；穿越式的道路徵收面積會小得多。鐵道局不肯，因為中山高會有安全上的疑慮，再者，案件早已發包出去，在此階段更動設計，等於是改變標案內容，有違反採購法的疑慮。所以我得再轉頭找公共工程委員會，討論採購層次的解決辦法。

在阿兄的幫忙下，公共工程委員會有位副主委謝定亞願意坐下來和自救會協商。謝定亞當時很誠懇的想幫我們解決問題，但一開始他礙於採購法也束手無策。有天他想到一個兩全其美的好方法，既可以幫鐵道局解套，同時符合我們的需求：只要將合約中的「跨越」兩字改為「穿越」，這樣在採購法上便可視為只做了部分變更，而不會違反原訂合約的採購主要項目。

解決了採購法問題，再來就是要求合乎安全規範，確保中山高的行車安全。安全問題主要有兩項：一是中山高的厚度安全係數要夠、二是高架下方路段的高度要高於四．二米，以確保所有類型的車輛不會碰撞中山高底部。為了解決後者，該路段便採降低路面高度的方式，然而降低路面就必須再加強排水，以免造成雨天或風災時積水。

案子在當時雖然獲得解決，自救會的需求得到妥善的回應，但縣政府在該路段的排水上一直沒有做到位，我也幫用路人向縣政府陳情過多次，但縣政府一直沒有解決。而當時承包商工信工程，為了合約變動狀告縣政府，這件事纏訟多年，一直到我就任縣長後，仍上過幾次法院。歷次裁決都是縣政府敗訴，甚至縣政府的委任律師也認為應該盡快賠償，但我仍覺得緩賠是有必要的。因為在做土地賠償的時候，提早個幾年就賠，一坪地只值四、五萬元；但若換成現在賠，一坪地卻可值十五萬元，等於是縣政府只要用三分之一的土地面積作為賠償，對縣政府保住縣有財產是更有利的。

相對來說，二〇一三年蘇治芬擔任縣長時，面對林內焚化爐一案和達和公司有官司糾紛時，就做了對雲林縣政府財產不利的決定。該案縣政府被判仲裁失敗，被判賠二十九．五億元，是一筆天文數字，因此達和聲請查封縣政府土地，且先拍賣三百多筆縣政府土地，取得了十五億元，縣政府還得每年支付一．四五億元利息。有議員發現，達和公司當初購地成本灌水不實，應可撤銷原本的仲裁結果，與達和公司再次對簿公堂，以取得較優的賠償條件。但蘇治芬卻急著結束該案，不知為何就草率地把縣政府寶貴的土地給賠了出去。我想，如果她當時願意耐著性子上法院，賠償的土地如今至少漲了二倍，縣政府至少可以留下三分之二的土地。對於曾經創業做生意的我，這種謹慎計算損益的習慣為我當縣長的一大助力。

在立委任內，我努力為雲林向中央「求財」。現在回頭一看，當時當縣長的人卻在亂花，實在讓人不禁直搖頭。長期以來在稅收制度城鄉不正義的狀況下，地方的縣市首長最應該做的，是要更妥善、更小心運用手上不多的籌碼，以健全地方財政狀況，這也是我上任縣長以來的施政主軸之一。二〇一八年上任之初，雲林縣負債二百二十七億元，但僅僅三年，我就還了六十八億元，平均下來等於是幫每位雲林鄉親省下了一萬元。

治水・是天災亦是人禍

另有一件案子，也讓當時的雲林立委們感到無比氣憤。

我選上立委那年，前後剛好碰上「六一一水災」和「七二水災」，對雲林造成極大傷害。而地層下陷嚴重的口湖鄉，碰到水災的傷害更是重中之重。當時在鄉民代表曾春發的帶領之下，我到災區會勘，了解災民的收容安置狀況，並進可能調度資源、提供協助。

身為醫護人員，雖見過許多生死交關的場景，兩次水災發生的慘況，至今仍在我腦海中揮之不去。當時居民的情況非常糟糕，看到棺材就浮在水面上，我不禁掉下眼淚，這是生者不得安居，亡者都不得安寧的悲劇。

歷經兩次災後的震撼，促使我在立法院積極向行政院爭取經費，希望未來發生災害時能讓傷害降到最低。我特別要感謝慈濟功德會，因為他們對應救災經驗充足，只要有難時他們第一時間就會找相關單位合作。在水勢稍退、沒有立即危險的狀況下，我多次和他們一起搭著經清理消毒過的垃圾車，沿街遞送便當、礦泉水給當地居民。當時情況緊急，只能借助像垃圾車這樣車體較高不怕水，容量又比較大，可以迅速完成送物資工作的車種。我也可以藉此站在更高，利用更好的視野掌握現場受災狀況。

兩次水患不只對雲林、對整個台灣西南部都造成重大衝擊。人們開始了解，在極端氣候愈來愈頻繁的狀況下，城市的「防洪」觀念，要從加堤圍堵改成「建立韌性城市」。當時全台的水患嚴重，在各縣市立委的督促下，先是通過了《水患治理條例草案》，行政院長謝長廷便編列了八年八百億元的預算，讓各縣市防治水患。我與許舒博、張碩文三名立委都出身雲林，人也都在經濟委員會，便積極爭取預算，為雲林的水土保持、下水道、農田水路等工程爭取預算，最後共爭取到一百多億元讓縣政府能夠統籌運用。但偏偏縣政府的執行效率太差，居然用不到二十%，最後這筆得之不易的錢只能眼睜睜地看中央將其回收，讓立委們還要去幫忙縣政府爭取辦理保留。

不只如此，前縣長蘇治芬當年在面對水患時，「偏心」的狀況十分嚴重，調度工作上有重大缺失。我當立委時，在口湖等地方，數度協助地方鄉鎮首長徵調抽水機。那時鄉長吳慕禹向我抱怨：口湖受到水患之苦，向縣政府求救，希望縣政府調派抽水機，但蘇前縣長卻會先看鄉鎮長的政治傾向，決定要不要派抽水機過去。在選舉期間支持她的人，不管該區有沒有水患，都會有抽水機一旁備用；反之，未支持她的人，即使水患當前，千呼萬喚也調不到抽水機。

蘇前縣長甚至會說把抽水機放在沒有水患的地方是有備無患，一點也不在乎飽受水患之苦的鄉民。再加上她對地方抽排水的規劃紊亂，例如：A地抽水灌到B地造成淹水、B地抽水灌到C地造成淹水……讓雲林各地「水患四起」，其他縣市的淹水都退去了，雲林各地的積水卻還遲遲不退。這類事情在她任內每年都要發生，也讓我們這些在中央為地方奮鬥的立委們為雲林鄉親感到不捨。

■ 不患寡而患不均

水患是可以避免或降低傷害的事嗎？

這讓我想到近年來因為藝術節的舉辦，成為雲林重要觀光景點之一的口湖鄉「成龍濕地」。成龍在我當立委那些年因水患嚴重，呂秀蓮副總統還曾特別南下視察。在應變座談會上，甚至因為水災不可抗拒，當地農地又已無法種植作物，因此有人建議乾脆直接遷村。後來我找許多專家去現場會勘，檢討出該村的積水流不出去，是因為地勢比周邊低窪。要解決該問題，就要將積水以人工的方式引導出去。所以我推動了在該村建地下箱涵，先把積水以小箱涵引導至抽水站及其他中排，再用大箱涵把積水集中到牛尿港大排的水路裡。當積水可以找到地方流散後，成龍村現已不再淹水，反而成為國際級的賞鳥景點，每年都要吸引各地觀光客到此一遊，與當地區民互動，這次的疏浚工程讓成龍濕地再現繁榮景象。

同樣的事情也發生在台西崙仔頂，當地也是一遇到下大雨就淹水。在累積多次經驗後，我發現主管水利工程的單位都只拿著圖紙在做規劃，和當地反應的意見截然不同。所以有次下大雨導致村內開始積水，我就找了主管機關第五河川局和水資源局，在傾盆大雨下會勘，當時大家都淋成了落湯雞，記得幾個官員冷得直打噴嚏，我摸了摸被雨水浸濕的日頭花胸針，心裡想著：就是得讓你們親眼看著積水是如何流溢才能評估合乎地方實境的解決方案。最後終於以排水系統做分流的方式，順著地勢把積水導到火燒牛稠大排等處，讓崙仔頂淹水的問題終於得以解決。

建湖山水庫讓鄉親喝一口乾淨的水

沿海地方淹水問題，我親自參與好幾次的會勘，幫助水患得以減緩。而這當中我們最常聽到的外界批評聲，就是「雲林人超抽地下水造成地層下陷導致水患」。這聽起來理所當然的致災原因，當中卻是雲林沿海居民水資源缺乏的困境。

要解決這個問題，就應該在雲林水源上游建設水庫，讓雲林人有穩定的水資源可運用，自然就不需要去抽取地下水；如果開水龍頭就能解決問題，誰還會自己花好幾萬去挖井抽水？行政院為了解決這個問題，早在一九九五年連戰擔任行政院長任內，就已經通過了在斗六、古坑建設湖山水庫的議案，阿兄張榮味在任期間也完成了地方政府應執行的土地徵收預備工作，就待行政院接力完成。但當年的興建預算差點被刪除，還好我在立委任內，不斷遊說各黨派委員的支持，院會表決後才能讓興建湖山水庫近兩百零四億的預算順利通過，湖山水庫才得以順利興建。但整個過程中，有同為雲林縣的尹姓立委一再以「破壞生態，影響八色鳥棲息」為由，蠱惑環保團體抗爭，嚴重影響進度，甚至企圖開發林內「烏塗人工湖」用以取代「湖山水庫」。

但不可諱言的是湖山水庫的庫容量五千零五十八萬立方公尺，且每天提供了

張麗善親自勘災風災或豪雨造成雲林沿海低窪地區的水患問題，提供鄉親即時的解決方法。

四十三萬噸以上的乾淨水源，對於雲林中下游的民生及多項產業用水，都有極大的幫助。對於能讓雲林鄉親從此以後可以喝到一口乾淨的水，我感到十分欣慰，同時，近幾年因為極端氣候影響，到處乾旱缺水，而雲林慶幸有了「湖山水庫」，所以沒有缺水的情形，這是雲林百年大計，更是印證了政治人物要有宏觀遠見，不能短視近利。

雲林沿海地方的水患事件頻繁，我不管任內和任外，都努力參與會勘，在會勘中學習治理策略、聆聽民眾心聲，也參與資源調度，舒緩災民急切的需求。這中間有許多共同參與者給我幫助、成為我的好朋友，更重要的是他們也在這個過程中成為雲林鄉親的好朋友，幫助雲林鄉親盡快走出水患之苦。

雲林湖山水庫重要性？原來背後還有這段故事

雲林縣湖山水庫是否該興建？曾引起正反意見激烈交鋒。早在一九九五年湖山水庫就已經已經完成可行性規劃，但一直沒有動工，直到張榮味擔任雲林縣長後，極力跟中央爭取，且土地徵收問題已逐漸解決，在陳水扁總統的支持下，湖山水庫才於二〇〇二年開始興建；然而水庫興建過程中持續遭遇泛綠黨派與環保團體的反對而暫時停工。二〇〇六年，民進黨立委田秋堇與台聯立委尹伶瑛等人提案，欲將興建湖山水庫的規畫預算四億五千萬元全數刪除，換言之，當時若是規劃費成功刪除，今天將不會有這座蓄水量五千三四七萬立方公尺，支援雲林、嘉義與彰化民生用水的水庫存在。

當時我還是第六屆區域立委，秉持著要「給雲林人一口乾淨的水喝」的堅持下，一路從黨團協商到院會表決都大力反對刪除預算。甚至與立委張碩文、許舒博等人為說服朝野立委支持興建湖山水庫，我們還用「超級比一比」的方式分析興建水庫的優缺點；到了表決前夕，我還一通一通電話打給每位立法委員懇託支持。

這場表決的結果在絕大部分泛藍立法委員的反對下，否決了預算的刪除，讓湖山水庫得以繼續規劃興建。而水庫建成後，現在每日可供水量高達四十三・二萬噸，並每年可讓雲林減抽近五千萬噸地下水，提升了雲林的用水品質，也減緩地層下陷的問題，更在缺水時期穩定了彰雲嘉地區的民生用水。

值得一提的是，蔡英文總統當年也是立法委員並參與了表決，她贊成刪除湖山水庫的規畫預算。大家都很好奇，當蔡總統現在表示，將會盡一切努力穩定供水時，會不會慶幸湖山水庫的預算當時沒被刪除？若是再有一次表決機會，蔡總統還會贊成刪除水庫的預算嗎？

「給雲林人一口乾淨的水喝」
立法委員張麗善國會辦公室
興建湖山水庫
92%的雲林鄉親
期待興建湖山水庫

里山解編・另類耕者有其田

除了海邊的水患，雲林的里山部分，我也做了許多服務，有時一個案子甚至要追蹤十餘年。

如古坑 1801 保安林自我就任那年起陸續解編，劃入山坡地的新登記土地。解編後的土地，將林地改劃為農地，開始有農民加以利用，創造經濟價值。然而當年在保安林編制內的地籍資料，與現今的土地資料不同，須重新鑑界。未鑑界的土地，無法登記為農用，故當有農民在土地上種植農作物時，若受到天災，便無法申請補助；這個問題讓當地近三百位農民在一九九二年組成了「1801 自救會」向政府爭取應有權益。

於是在我任內，藉由阿兄任內的雲林縣地政局長歐啟訓的專業協助，我從中央爭取了六百萬元，將該地分六期進行鑑界測量，期待能讓農民安心利用。1801保安林幅員廣大，有一百四十五公頃，且均位於山區、是重要的水源涵養地，但地勢崎嶇不好走，所以測量起來十分困難。執行時，分成四梯次分批測量，還必須在原土地擁有者南投林管處外，協調縣政府、斗六地政事務所和當地村里長，共同進行分地段鑑界及命名。

做好鑑界基本功後，才能依國有財產法規定，再分租給現耕農民合法利用。有登記的土地，承租的農民比較願意依法耕種、並做好水源涵養，政府也比較易於管理和追蹤，在農業開發及水土保持上都很重要。這整個過程中，一定會碰到很多難解的問題，事涉多方事權，要一直協調各中央、地方機關，如果推動者不夠積極就很容易卡在某處過不去。

遺憾的是，這項工作在我任內推動了二期後似乎就緩了下來；雖說難度很高，加上颱風作亂，但我猜想，更可能的原因是民進黨入主雲林縣政府後，發生行政怠惰的狀況，使其遲遲無法完成所有工作；讓很多認真耕作的農民一旦遇到天然災害，一毛都無法申請補助。一直到了二〇一八年左右，1801保安林才得以重新公告山坡地範圍，並開放農民租用，但其中卻發生同一區塊的土地同時有合法和非法利用的狀況，我實在無法理解當時的縣政府為何無法感受到農民的痛苦。因此我在二〇一七年擔任第九屆不分區立委時，古坑鄉親包遊覽車來到立法院找我陳情，我再度為 1801 自救會在立法院辦理公聽會，邀請內政部營建署、國有財產署、中區分署雲林辦事處、雲林縣府等多位官員和民代，好好坐下來促成此事。席間有許多農民已經為了這塊耕地的合法化等了二十餘年。而它也終於在我上任縣長後的二〇二〇年，完成所有的放租工作。

另外，雲林華山的咖啡全國馳名，但在二〇〇五年前，華山的咖啡都是用山泉水泡的、供水不穩定。雲林自來水普及率當年雖已接近九十%，但在華山等部分地區依然僅能靠山泉水生活。也是雲林古坑出身的廖宗盛董事長在二〇〇七年底就任台灣自來水公司董事長，他是個出身民間的優秀公務人才，上任後編列了四十億元的經費，要在台灣無供應自來水的地區建設管路。我和張碩文便積極與他溝通，聯合爭取了好幾個地區的加壓站設施，讓縣民解決用水問題。

穀倉裡的農民之苦

雲林是台灣的穀倉，長久以來以農養工的政策，讓台灣經濟取得躍進，但也造成農業人口急遽外流，以雲林特別嚴重。我在第六屆立委任內，碰到三個農業問題亟待解決：一是農業人口老化，二是公糧收購價格二十年未漲，三是農民職災農業人口老化這個問題，其實應視為全台灣的社會問題。一九七〇、八〇年代的青農，到了一九九〇、二〇〇〇年時，都成了老農。他們一輩子都在田間努力，供給台灣食糧無虞。但隨著世界經濟局勢的變遷，為了加入ＷＴＯ等因素，國家產業進行轉型。這過程中犧牲最多、但最少被照顧的是這批已經難以轉行的農民。許多農業補貼政策被限制，部分的農糧需求被進口農產品取代，農業收入有限，致使農戶的子弟只得離開故鄉，到都市打拚，留下年齡漸長的人口從事農業。因此那些年只要是中南部縣市選出來的立委，無一不為地方農民發聲爭取「老農津貼」，好補償他們在國家產業轉型時的犧牲及分擔子女外移後的經濟壓力。

老農津貼調高案最主要的提案人是我們雲林的許舒博立委及嘉義翁重鈞立委，我也為之發聲連署。但可惜的是，原本立意良善的政策，後來竟變成選舉的工具；提案人明明是國民黨，後來硬被民進黨搶去當成他們的功勞。

再者，老農津貼只能算是當年農業縣市立委們，面對產業政策失衡的補償措施；但它對於台灣農業發展，無法改善真正的根源問題，以至如今看來，已失去了當時爭取的初衷。

公糧收購價格也是一個每年都要爭論的議題；當政者如果提高收購價格，對於選舉很有幫助。但我擔任第六屆立委時，這個議題特別急切。因為當時台灣經濟活絡，物價起飛，各項物價指數都節節高升。以勞力成本來看，一九九四年的最低工資為一萬四〇一〇元，但在二〇〇七年的最低工資，則漲到了一萬七二八〇元。物價若用油價做標準的話，二〇〇〇年後台灣正式進入高油價，一九九四年的九二無鉛汽油價格還在約十二至十五元間波動，但到了二〇〇七年，則飆到了二十五至三十元間，其中二〇〇四年甚至還曾經一度高達三十五元！漲幅一倍有餘。油價上漲勢必導致「萬物齊漲」，各項農業用料也都漲得亂七八糟，但在同一時段裡的公糧收購價，則一直維持在每公斤二十一元農民們的耕作成本無法反映在價格上。

農民權益須多方面考量

米穀公會理事長吳源昌在我上任後，了解我對農民權益很重視，便來找我陳情。他說數年來雖曾經和其他立委討論此議題，但總因為選舉風頭過了就不了了之；他時常聽到的理由，是台灣從二〇〇二年加入WTO後，被要求大幅削減農業補貼，所以收購價無法動彈。當我了解此問題後，認為他的理由很牽強，為了照顧廣大農民，便跟農委會溝通提高公糧收購價格。吳理事長一開始的請求，是希望能提高四元，但我也考量到當時用來收購糧食的平準基金已經開始虧損，所以在折衝後，提高二元，就是每公斤二十三元。

不過，保價收購是一個問題重重的政策。畢竟台灣的稻米消費急速下降，當年收購政策的時空背景已不在。我為其爭取的提高價格，是希望讓政府和農民都有緩衝的空間，俾能調整出未來台灣農業的方向。而農委會也確實一直在為稻米及農地利用找出路，如鼓勵雜糧耕作等，直到今天都還在推出新政策以解決米糧過剩的問題。

同時我也了解，農民們希望提高公糧價格，一個很主要的原因在於他們辛苦地只能「看天吃飯」。

台灣從一九八四年開始正式實施勞動基準法，讓勞工的權益每年都往上調整，最低工資也保障了基本生活尊嚴。但對農民來說，收入不會每個月進帳，如果運氣不好碰到天災，損失的可能是他們幾個月甚至一整年的收入。也就是說農業人口的從業風險比其他行業大很多，而且無法控制。

如果農民在工作的過程受傷，便會造成他們沒有辦法工作，也會損失收入。過去的農民保險，只保障了殘障和死亡，如果短期受傷時，是沒有理賠的；但農作物並不會因為農民受傷就可以停止照顧，可是受傷的農民如果不能下田，整期的收成都會受到影響。北港農會的林翠香總幹事特別跟我說明，有不少農民在田間工作時，因操作農機具受傷、農藥中毒或是中暑等意外傷害，都影響了他們的工作和收成，一般勞工如果發生類似的情況時，可以跟雇主請假，勞保會給付部分薪資，但對農民而言，卻可能一切歸零，這對農民很不公平。也因此，我上任第九屆不分區立委後開了好幾次公聽會，爭取「農民職業災害保險制度」，讓農民一旦在從事農事工作時發生任何事故或意外，都能得到相對的權益和保障。

在我擔任第九屆立委期間，大埤鄉興安村王萬來村長有次帶了四個人來立法院找我陳情，這四個人加起來超過三百歲還特地北上，可見一定有重大事情。其中一位老農說，他的兒女是檢察官，身體也還硬朗，自己家裡生活是沒什麼問題，但有許多鄰居年長過世後，家人要去請領農保的喪葬補助費時才發現農保的錢根本無法請領，因為過世的農民拿不出土地謄本，以致無法請領十五萬三千元的補助。

要加入農保的基本條件，是農民必須擁有一定面積的土地。但面對人口老化的狀況，有些人耕種了一輩子，也繳了數十年的農保費用，但因為年邁或經濟需求的關係而釋出或轉讓土地後，他們的農保資格就瞬間消失了，無法申請任何補助。我收到許多老農的陳情，他們常因為年老之後已無力耕種而轉讓土地，但轉讓後因故要請領時才發現，雖然一直在繳農保費用，但早就失去了農保的保障；有人因為耕作的是別人的土地，根本無法得到農保的照顧。

因此我督促農委會修正相關的資格審查辦法、津貼辦法。主要修正內容是，如果繳納農保費超過二十五年，惟後來因為土地轉讓或拋售以致拿不出土地證明的農民，依然可以領到十萬二千元的慰問金。金額雖比終身繳納而可以領喪葬補助費少一點，仍不無小補，不會明明繳了二十五年的農保費，卻只剩一場空，較符合公平正義，也能提高農保參與者持續繳費的意願，健全農保的財務結構。

我在擔任縣長後，更加積極鼓勵農民們參加「農民職業災害保險」，並開辦傷害給付、就醫津貼、身心障礙給付和喪葬津貼等，讓農民們在處理生活逆境時，多一份保障。同時，雲林縣政府也是全台唯一每年編列超過三千萬元預算、全額補助農民職災保險的農民自負額的縣市，這也使得全縣參加農保的人數達到五、六萬人，超過一半的雲林農民都有參加農保，比起全國平均農民參加農保的數量僅有不到三十%比起來，雲林農民更有保障。

織網・爲著艱苦人

除了農民，針對低收入戶我也陸續在立法院推動相關立法，以編織一張弱勢者的生活安全網。其中，在我擔任行政院雲嘉南辦公室執行長期間，接觸到了「雲林縣夜市慈愛會」，和他們一起推動了法案。

「雲林縣夜市慈愛會」會員都是夜市小販，創始會員有七人。一開始只是大家湊個錢，給不認識的低收入戶包個白包致意，後來慢慢演變成提供低收入戶喪葬費用的支援。他們以積砂成塔的方式以幫助地方上的窮苦人家辦理喪葬事宜。

慈愛會在二〇〇八年才正式立案，但在此前，因曾於二〇〇一年登上中國時報頭版頭條，而廣為人知；成員也由原初七人迅速增多，人一多、個案捐助的分攤費用降低，到現在竟只要支援幾個銅板，就能幫助低收入戶度過難關。

一開始，慈愛會因登上報紙頭版的關係，許多媒體爭相報導。前縣長李進勇也曾和縣內各鄉鎮協助推動、降低了縣政府針對低收入戶的喪葬費用，使雲林縣成為全國最早全縣補助、降低低收入戶喪葬費用的縣市。但他們進一步希望此善舉，不只是針對雲林低收入戶而已；如果像雲林這樣不有錢的縣市都能做到，全國十幾萬的低收入戶都應該能獲得同樣善待。

他們第一次表達此意見，是二〇一四年的虎尾夜市尾牙。幾個慈愛會幹部正好和我阿兄同桌吃飯，席間在褒忠鄉長張政國鄉長的引薦下，阿兄對他們想推動全國性低收入戶喪葬補助感到佩服，便邀請他們擇日到青埔服務處，和時任立委的張嘉郡見面，仔細了解他們的想法。阿兄在了解詳情後深獲感動，便允諾他們，要讓他們和王金平院長見面，共同來推動法案、施行全國。

幾個月後，馬鳴山鎮安宮於東勢鄉辦理「吃飯擔」，阿兄即邀請王金平院長來做客，並和慈愛會的志工見面。王院長初步了解後深獲感動，故邀他們找時間北上立法院，商討法案的推動。

在立法院和王金平院長、張嘉郡、劉建國委員等當面陳情後，慈愛會希望這個不分黨派的法案，能夠在兩黨協助下推動，以擴充低收入戶補助的內容。但相關法條於二〇一四年四月於立院裡通過一讀後就停滯下來，沒有更進一步。直到我受到朱立倫主席提拔擔任第九屆不分區立委剛上任的時候，《中國時報》記者周麗蘭和斗六市長謝淑亞（現任雲林縣副縣長）、縣議員林聖爵（現任斗六市長）才再領著我去斗六夜市，和慈愛會的幹部碰面。周麗蘭是台灣第一個披露慈愛會善舉的記者；二〇〇一年在《中國時報》頭版刊出的新聞，就是她的報導。

當我在二〇一六年再次接觸這個案子時，才知這樣一件好事居然一直沒走完立院三讀程序，那麼就由我來幫他們吧！

因此，我便開始試著去推動此法案，才將之命名為「艱苦人條款」（殯葬管理條例增訂第二十一條之二），此條款若能順利通過，全國超過十六萬戶的低收入戶的火化及納骨塔費用可獲全免，希望未來不要再發生沒錢辦理身後事的人倫悲歌。

不問黨派，只問積善功德

然而，我當時有個難題：「艱苦人條款」如果要進到立院表決通過，必須得先通過程序委員會。但國民黨在第九屆的立法委員裡，已是少數黨，只剩下三十幾個席位，要將法案排入議程的難度很高。所幸當時黨內另一位不分區立委曾銘宗選上內政委員會召委，我便央請他幫忙，和我一起在立法院召開記者會，同時也和慈愛會「目鏡仔」（陳鴻榮）說：我們國民黨立院席次雖然不夠，但如果能得到曾銘宗委員的支持，議案才更有可能進入討論，進而完成三讀程序。而「目鏡仔」也跟我說自己在地藏王菩薩座前立誓，如果法案通過就要剃光頭來還願。

透過曾銘宗委員的安排及王惠美、江啟臣等立委的協助下，「艱苦人條款」終於第二會期排入一讀討論。一讀後，通過程序委員會，順利進入內政委員會討論。我作為提案人，便在內政委員會內進行提案說明，並找內政部政務次長花敬群說明議案內容，希望當時的執政黨不要因為黨派之分，而杯葛此議案，這是做功德。我向花次長說明，低收入戶生前可以得到政府的補助，但當人過世之後，臨終這一最後一程卻因為要自費，而總是草草了結，失去了尊嚴。

如果政府能夠在納骨塔和火化費上給予減免，可以降低家屬的負擔，他們的最後一程便得以更有尊嚴，家屬也能得到安慰。推動之初，在慈愛會的經驗裡，雲林縣議會有通過全額補助，低收入火化及納骨塔的費用，但在A縣可能打七折，在B縣則是酌收或優惠部份金額，不同縣市不同調；作為低收入戶，在各縣市受到的待遇竟完全不同，難道死後也得不到最後的尊嚴嗎？

在政務端完成疏通說明後，接著就是要排入立院二、三讀。但立院每天都有一堆法案出來，加上剛好碰到前瞻基礎建設的爭議，立院天天在吵架，整個立法院的立法品質十分低落，使得「艱苦人條款」難以推動。在第三會期的最後一天，立院大趕進度，我在黨團會議裡積極爭取，希望能夠讓「艱苦人條款」進入表決程序，同時也為國民黨團在立法院裡留下一點值得驕傲的成績。於是黨團內同意，排第一的法案是由柯志恩委員提出的「狼師條款」，「艱苦人條款」則排第二議案。最後在立院三讀表決的次序中，「艱苦人條款」排入五月二十六日第二十五個要表決的法案。法案內容爭議不大，且獲得大多數立委支持應能順利通過三讀。

我通知了「目鏡仔」法案的表決時間，他召集了一群會員齊坐家中電視前，等著看他們推動了七年時間的法案能獲得通過。另外，我也知會曾經受「目鏡仔」委託、服務過本案的同縣劉姓立委；他在我於內政委員會做提案說明時，曾遞送過一份修正議案併附討論，也算是本案支持者之一。如今此議案即將通過，我覺得我們雖不同黨，但於此仍邀他在三讀通過後發言。在各黨團無異議三讀通過後，已超過下午五點，推動法案的我當然登記發言，以感謝立委同仁們的支持；但劉姓立委卻當眾聲稱，在他「數年來的推動下」，艱苦人條款終於能推動到三讀云云。聽完，內心無限唏噓！

日頭再大的地方，也有陰暗的角落

每個法案的通過，當然不是某個特定立委的功勞，我也沒想過要在此爭功，但主動推動此法案的慈愛會朋友們內心很清楚，他們向劉姓立委請託了整整七年都沒下文，但張麗善卻在擔任第九屆立委的短短七個月間，努力盡心的推動，才終能順利完成任務。

當法案三讀通過後，我步出立院的步伐特別輕盈，因為不知是什麼巧合，「艱苦人條款」通過的那天，巧妙的是「夜市慈善會」的服務案件編號剛好為「一三一四」，諧音為「一生一世」，似乎在表示「艱苦人條款」的通過將會照顧低收入戶一生一世。

這個結果真令人感動，我當下熱淚盈眶，目鏡仔後來也實現諾言，剃了一顆大光頭。

「艱苦人條款」三讀通過後，目鏡仔果真頂著光頭，到立法院與我及曾銘宗委員召開記者會，向全國十六萬的艱苦人說明未來火化及納骨塔費用全免，讓大家能有尊嚴的走完人生，且向政府表示感謝。

做為一名夜市小販，當他們用十元、二十元的銅板在累積自己的微薄收入時，卻仍能發揚人性的光明面，本著一顆善良的心，關照更多比他們過得更苦的人。他們常跟我表示，他們希望自己微薄的貢獻能拋磚引玉，讓更多有力人士、企業家能夠在社會各界投入愛心。

記者會中他說了一句：「日頭再大的地方，也有陰暗角落。」而如果太陽夠多，陰暗角落就可以減少。以雲林日頭花自居的我，聽得非常感動。能夠和他們一起推動法案，是我從政生涯中最大的榮幸。

待法案正式施行那天，我和目鏡仔、謝淑亞市長、張政國鄉長、林聖爵議員、丁學忠主席等，一起到虎尾惠來厝「地藏王菩薩」面前上香稟報法案順利通過、任務達成。而在我後來當選雲林縣長後，更在「低收入戶火化及納骨塔費用全免外」，加碼納入「中低收入戶」亦能享有同等待遇，讓更多有需要的人，均能夠無掛地走完人生最後的旅程。

有麗善相助，點滴功德才得以匯聚成河

文／目鏡仔

在夜市討生活的小販，賺的都是銅板錢，收入雖不比人多，但愛心從來不落人後。

在慈愛會成立之前，若得知鄰里間有低收入戶家庭的喪葬場合，不管是否熟識，我會自行前往包一點白包致意，希望我小小心意，能幫上喪家一點忙，讓喪禮圓滿。之後七個夜市的好搭檔們知道了，紛紛響應加入，集眾人之力讓白包更大一點，對弱勢家庭的幫助就更大。

後來，聽說有個個案，家境貧苦到連辦喪禮的錢都沒有，希望大家能幫點忙讓這個家庭度過難關。於是我們幾個好友湊了一筆錢出來，讓喪家把喪事圓滿辦完。夜市裡其他同行得知我們的善行後，也表示想加入，慢慢的，就發展成為約五十人的組織。只要接到通知說哪裡有需要幫助的人，我們就會一一聯絡成員，徵詢大家的意願，金額小至一百元感恩，大至一千元謝福，以每一個個案三萬元為目標。由我們七個人先代墊費用，將募來的善款交給艱苦人家，再回頭向會員們收款，會員間的信任感於是慢慢建立穩固。

之所以將目標設定在三萬元，是參考張榮發基金會的喪葬補助金額。我們不

希望那些需要幫助的人，在面對生活的困境時，還要煩惱該向誰求助。

當年沒有 LINE 這類通訊軟體，當會員成長到二百人時，儘管大家需要分攤的費用變少，但聯絡起來也相對變得困難。每一回接到需要救助的個案，就必須把二百個會員的電話打過一輪，詢問意願，這讓我的耳朵幾乎沒有離開過電話。

之後，在媒體與地方政治人物的協助下，雲林縣的低收入戶開始都能享有火化、納骨塔免費的福利，這讓我想到，那麼其他縣市的低收入戶是否也可以比照辦理？

這個念頭成形後，在味董、嘉郡委員、建國委員的奔走下，我們得到與立法院王金平院長的接見，大家都表達協助的意願，這對慈愛會是莫大的肯定。遺憾的是，立法院的生態與法案推動的門檻都不是我們想的那麼簡單，這個法案推動到一半就難以為繼。

後來張麗善委員在剛上任後得知了這件事，我們也才知道，原來換了一屆立委，所有未審完的法案就得從一讀再來一次，也就是屆期不連續。但在張委員的堅持下，一股作氣，說服了曾銘宗委員、王惠美委員、江啟宗委員等人一同提案，這次，法案在七個月的時間內，就完成三讀，並於隔年實施。

法案上路當天，慈愛會的志工們與張麗善委員、謝（淑亞）市長、林（聖爵）

議員一起在虎尾火葬場地藏王菩薩前召開記者會，向全國、全縣的十六萬名低收入戶，分享這個好消息。慈愛會在這十多年來所匯聚的善念與愛心終於從雲林推向全國，也鼓舞我們再推行低收入戶的語言治療的目標，待行有餘力，再設法照顧其他弱勢同胞。

正因為我們處在社會基層，才更了解那些艱苦生活的人，被錢卡死的痛苦，也才能以一個小小的善願，匯聚成行動，從些許溫暖開始，照亮更多被遺忘的角落。但這一切正因為有麗善縣長在當立委時的一路相挺，慈愛會推動的目標才有機會事半功倍的達成。

輯六

政道無悔

接棒與轉換跑道

日頭花

擔任第六屆立委的第一年，許多心力放在阿兄身上，而且初進立院，有很多要學的地方，加上無黨聯盟只有八個人，不像另外兩大黨的新手立委，會有「新生訓練」教他們一步一步來，所以我學習的過程比較坎坷。

到了第二年我全力衝刺立院工作，各方面的表現都讓鄉親非常滿意，爭取到很多建設預算，我自己也非常喜歡做為民服務的工作，所以當時我已經開始想，要在第三年時好好加油，以投入第七屆立委選舉。從第七屆立委選舉開始，不再是大選區多席制，改採小選區單席制；每個選區都是一對一的對決，跟總統、地方首長的選舉是一樣的。在多席制時，政黨靠著分配、計算選票，來確保爭取到最多席次，然在單席制的選舉裡，能勝出的只有一人，每個政黨自然也都只推出一個人選；這個人選，必然就是該黨最有可能當選的人。我在第六屆時，已是全雲林第一高票黨選，如果國民黨要在第七屆推出人選，應該就是我了。

雲林縣的選區在第七屆後分為山、海兩線。若以第六屆的局面來看，國民兩黨在山線的競爭者主要是許舒博和林樹山，而海線部分則是我和陳憲中。不管在立法院或是地方上，我在第六屆任內的努力大家都看得見，加上當時阿扁因為貪瀆風暴，國民黨的馬英九聲勢再起，使選情一片看好，所以我非常有把握，如果參選第七屆，雖然不是多席制選舉，但我必然能夠連任。但計劃趕不上變化。許舒博在二〇〇五年的縣長選舉中失利後，黨內在思考二〇〇九年的縣長選舉時，想到了獲勝機率最高的我——張麗善。

認真服務、勤跑地方基層的各種場合，是我從參與立委競選以來的習慣，因此黨內對我的選舉實力有信心，一直鼓勵我準備參選縣長。不過我當時參與縣長選舉的意願並不高，再怎麼樣我都是個政壇新手，對於當縣長仍缺乏足夠的信心。雖然我是全黨內最有可能當選的人，但我自己仍想於立法院再多歷練一屆，對雲林才比較有幫助。

在第六屆任內，我清楚知道雲林縣政最大的罩門，是中央集權的財政劃分法；民進黨蘇治芬當縣長時說過：「雲林窮得跟非洲難民一樣」，這句話我部分表示認同，且不管誰來當縣長，都沒辦法解決這個法律層面的問題。所以若我留在立院，能夠為雲林爭取更多資源，也可以更具體的了解雲林的需求和解決方案。我相信自己立委能做得很好，但對當時的自己能否當一個好縣長，是有懷疑的，只是我沒得選擇。況且一對一的選舉就是這樣，對政黨而言就是要找出最可能贏的人，而當時的最佳人選就是我；因此我沒有投入二〇〇八年的第七屆立委選舉，轉而準備二〇〇九年的縣長選戰；立委的部份則由張嘉郡接棒參選。

■ 惡意抹黑，讓阿兄流淚

二〇〇八年的立委選情對國民黨來說很占優勢，雲林兩席在大家的努力下，順利取得。但選完後不久，張碩文因故當選無效，故在二〇〇九年九月的時候重新進行一次選舉。然而張碩文的父親張輝元以無黨籍參選，而國民黨徵召了張艮輝參選，最終兩人都不敵民進黨候選人劉建國，自此改變了雲林縣的政治版圖。而對國民黨票源最清楚的阿兄，在這次的國民黨分裂中，左右為難。

在選舉過程中，很多黑函到處飛。開始有人攻擊阿兄，諷刺他是雲林王，誰要選不選都由他決定，他位在虎尾青埔的服務處則被污名化為「青埔宮」，要選的人都要去朝覲他。而對手為了削減國民黨的選票，則一如既往的攻擊阿兄是黑道、黑金，把張家打成黑道家族、黑金政治的代名詞。回想如果二〇〇九年九月的補選，阿兄輔選的人勝選的話，他可以用勝利來忘記這些流言，但那年就是輸了，對他的打擊很大；來自黨內外的壓力，讓他感到腹背受敵。那是我第一次看到阿兄灰心失志，默默流下傷心的眼淚……

從政一、二十年來，他徹底對政治灰心絕望。他對我說「政治是一時的，朋友才是一世人的。為著選舉，舞甲毋人性、毋信任，這款政治，莫舞啊！立委毋遐重要，縣長嘛毋遐重要啦！」說完，便要我退出二〇〇九年底的縣長選舉，並對外宣布，張家的服務處要正式關燈了，可見他當時有多麼傷心。但此時，距離選舉日只剩六十八天。

最終，我順從了阿兄的意思退選。危急的局勢下，國民黨徵召吳威志教授，雖然最終未能勝出，但他仍打了一場精彩的選戰。我至今仍感念他當時為了縣民的福祉，勇於擔下這場不可能的任務。

二連敗之後・重回立法院

退選二〇〇九年的縣長選舉後，我們張家唯一還在台面上的，是已經擔任第七屆立委的張嘉郡。張嘉郡也是第一次走上政治舞台，我才剛走下來，很了解一個新科立委需要哪些幫助，因為我三年前和她一樣，所以我轉而為她穩住地方服務，她則把主要的力氣留在台北學習。在她任內，我們家都是「一人當選，三人服務」的局面；也因為這樣認真的服務，雲林鄉親一直到現在還願意給張家機會。且因為國民黨在雲林只剩海線一席立委，所以張嘉郡成為國民黨在雲林的唯一窗口，服務範圍擴大，我要跑的地方也愈多。在我服務地方的過程中，完全體會到，一個沒有準備好的縣長是什麼樣子；我和張嘉郡在立法院為雲林爭取到的資源，到了縣政府手裡卻往往沒有好好的被利用。像治水經費是我與張碩文委員、許舒博委員努力爭取來的，但縣府的執行率竟不到二十%，搞到中央打算收回預算，幸虧我和張、許兩位再度請命，才合力爭取到行政院繼續保留這筆治水經費。

我在服務地方時，常有縣民跟我說「如果當初是你來做縣長就好啊」，以表達他們對於我在二〇〇九年退選的遺憾。二〇一一年底的立委選舉，張嘉郡連任成功，在立法院表現也不錯，看著自己的女兒變成雲林人所依賴的對象，阿兄也因此恢復不少元氣。也因此在即將到來的二〇一四年縣市長選舉時，大家的眼光看來看去，還是轉到了我身上。

二〇一四年的縣長選舉，是我在地方沉澱數年後再度上戰場。這次我很有信心可以當個好縣長，也全力以赴，但無奈大環境對國民黨來說不太好。「投給〇〇〇，就是投給張麗善」的流言四起，加上對手透過網路在全國散布「黑道政治」來抹黑、污衊我們家族，讓我最終以敗選收場。阿兄再度感嘆，政治這一行對全家族的人格傷害太大，於是決定對外宣布，他將淡出政壇。至於對家族裡，如果有人自己要選，就自己努力。二〇一六年立委選舉，大環境對國民黨而言更糟，張嘉郡則早就決定不追求連任，所以國民黨內當時更沒有人要出來選一場難贏的選戰。

一個沒有長期經營地方人脈的人，要驟然投入一場立委選舉，是很困難的；選民不認識的人，不了解候選人的過去，是很難把票投下去的。也因此在這屆立委選舉中，在雲林經營最久的張家再度「被選舉」。問題就是：誰要選？

最有經驗的我又被提到。但我自己這次堅決反對。要張家出來為國民黨付出，我很同意，但我才剛輸掉一場縣長選戰，情緒和體力還需要時間緩和一下；如果張家一定要出人，希望讓其他家人出來闖看看。阿兄知道我的為難，也知道黨的為難，幾經商討，阿兄的兒子張鎔麒決定出來承擔。我們家在雲林，做出不選的決定，比做出要選的決定還難上許多。但最終張鎔麒未能勝選，而我感謝朱立倫主席的提名列入了不分區立委名單，進了立法院，擔任第九屆立法委員，持續為地方服務。

■ 以寡敵眾的議場進學

第九屆的立委，很。難。當。

立法院總共有八個委員會，委員會是立委問政最主要的戰場，國民黨不可能放掉任何一個。但如果立法委員要為地方爭取權益、要有所表現，就必須在委員會裡排入自己覺得重要的議案，那最好要選上召集委員；召集委員的工作是安排委員會議的議程，如果是同黨同志，自然會優先排入議案討論。

立法院共一百一十三席立法委員，國民黨只當選了三十四席。若平均分布到各個委員會去，每個委員會就只有四至五人，要跟民進黨競爭召委會非常困難。也為這個原因，我在第九屆的任期中，學到的比第六屆多更多，尤其是以下三項：

一，問政的內容變得很多元，要照顧的面向很廣。因為席次少，每個委員要擔負的委員會議案就變多、一下子經濟、一下子國防，然後可能還要兼顧教育或是環境，問題本身的面向非常廣，專業度差很多，要認識的官員也數不清。我上一任待三年，主要都在經濟委員會，以爭取雲林縣的水利建設，但這一屆要擔負許多委員會的問政工作，我雖然很認真學習、學習速度也算快，仍然學得非常辛苦。但我不管是院會或委員會的出席率、提案數與質詢次數都是名列前茅。

二，我得代表藍營，在雲嘉南經營政治版圖。我自己出身雲林張家，大家看張家好像應該對政務很嫻熟，事實上壓力更大，不想讓人看扁。每週五天白天在立院，晚上回來就一直讀資料，一個人當好幾個人用。且國民黨在雲嘉南地方只有一席不分區立委，我肩負著延續這區域政治香火的使命。在民進黨拿下多縣縣長及立委席次後，我是唯一一個在野監督力量。

三，國民黨為促進黨內政治新人新陳代謝、培養人才，與這屆的不分區立委們簽訂了「兩年條款」，希望我能為參選縣長做準備。所以我只有兩年的時間在立院服務，在這麼短的時間裡，我必須全力衝刺，才能把事情做出成果來。然而在國民黨不占多數的國會裡，我必須學習更技巧性的推動自己想執行的議案，尋求不分黨派的立委都能接受的立法方針。

在這一任的兩年時間裡，我不管是院會或委員會的出席率、質詢率都很高，公民監督國會聯盟也將我評選為「優秀立委」；而且我這個人很奇怪，事情愈忙，精神愈好，我很享受被需要的感覺。我當立委時比別人都忙；起床比人早，睡覺比人晚，遇到別人頭低得比誰都低，根本沒有享受官箴可言。可是我想為雲林而做，雲林值得我這麼忙。

政治這份工作就是服務眾人

當我回頭看二〇一四年在縣長選舉中擊敗我的民進黨籍李縣長，只是想來雲林「做官」而不是「做事」時，我很遺憾；我知道民進黨的縣長、立委們心都不在雲林，他們只是把雲林當成政治跳板，心裡想著都是有朝一日回到中央、謀取大位。而我在雲林土生土長，把雲林當成家用心照顧，雲林人需要我的時候，我一定挺身而出。再看看民進黨主政的十幾年間，雲林仍然沒有看到轉機時，我真的很不開心。

我這個人是這樣：如果明白自身能力不足，沒辦法比別人做得好，我就不會主動去跟別人搶位置；但如果鄉親願意給我嘗試的機會，我就會想盡辦法壯大自己的能力，務必做到比他人更好，以求不負所託。

政治這份工作就是服務眾人。我選上立法委員、縣長，並不是步上神壇，而是要捲起衣袖來服務眾人的；如果我輸了，就擦乾眼淚和汗水，隨即心境歸零，回醫院上班即可。

就像我身上穿的衣服，款式和一般上班族一樣，以簡單、俐落、乾脆為主，品牌多半是G2000、Uniqlo、Net、Zara之類的平價服飾；不管選前選後，我仍可以穿著同樣的衣服，走進任何場合。現在的從政者，一件牛仔褲搭上戰鬥背心就夠了；越簡樸、民眾反而接受度更高。總之，我用平常心參與每次選舉，衣著也與常人無異。

於是我便跟阿兄說：這次我準備好要捲土重來，參選縣長。我自己也想，輸贏不由我，但就再盡力選一次吧。我又不是打不死的蟑螂，我也會疲累啊。

二〇一八年，阿兄已對外宣布放棄參與政治，但既然妹妹要選，他當然也會挺到底。不過我也跟他說，「反正做一次決定，這條政治路要不要繼續走下去，我已拚過一次了，選第二次若再落選，就會回到我原本的工作崗位上，回醫院上班，從此與政治絕緣，不要再參選了，這條路太辛苦，我想要過過自己的生活。」

不料，在做出參選決定、挑戰現任縣長李進勇後，政治災難便接踵而至，讓我刻骨銘心。

那年鳳梨價格破盤，農民血本無歸，我便陪著一群鳳梨農北上陳情。行程結束、返回雲林的高鐵行程上，我不斷收到手機訊息，告知我一則新聞：「張榮味林內焚化爐案全案定讞，判刑八年，褫奪公權四年，且訂於七月十日入監服刑」。這事給了我莫大的打擊，簡直晴天霹靂。此事根本就是政治操作，目的是逼我打退堂鼓，退出縣長選舉。明知這是政治介入司法，但我仍感到自責、懊悔，覺得如果我不參選，阿兄就不會被牽連；然而阿兄反而沒有絲毫動搖，更沒有責備我、怪我執意參選，自己把牢獄之災勇敢的承擔下來。

接下來的行程裡，我每每看到鄉親們為阿兄感到忿忿不平、想為阿兄討公道的樣子，便一直告誡自己：不能被擊倒、要化悲憤為力量，一定要打贏這場選戰，才能一雪前恥、向鄉親們證明阿兄的清白、阿兄是受到政治迫害的。

蓄勢待發・走向縣政府

日頭花

二〇一八年，我登記參選縣長後，隨即宣布辭去立委職務，展現破釜沉舟的決心。而我的民進黨競爭對手，隔天居然在媒體上放話，說我辭得太慢？

我那時心裡在偷笑，因為民進黨的陳其邁、姚文智兩位候選人，都是在我辭職後，被媒體堵著麥克風追問要不要跟張麗善看齊後，才趕緊辭職；甚至黃偉哲、劉櫂豪等，根本沒辭。民進黨的人常常說一套做一套、嚴以律人、寬以待己，大家早就看透他們了。我自己也想：說不定這是最後一次參選，張麗善跟他們拚了！就算戰死沙場，也能名留青史啊。

二〇二〇年新冠疫情到來之前，兩岸經濟發展的反差很大，台灣經濟的疲態浮現。兩黨對改善經濟狀況的意見雖相左，但對國家經濟狀況不佳的認知則很一致，許多企業界人士都對此感到憂慮，其中郭台銘董事長（以下簡稱郭董）憂國憂民的心，全國也都知道。

我和郭董本不認識，但在我過去擔任立委期間，大都待在經濟委員會，認真問政的態度讓他注意到我。在我決定參選二〇一四年的縣長選舉時，他即大方地幫過我的忙，同時也允諾我若當選縣長，他一定要到雲林投資設廠。但那年我落選了，沒能為雲林和郭董結緣。

直到二〇一八年我二次參選縣長，並順利擊敗民進黨候選人李進勇、當選縣長後，我則聘任郭董作為雲林縣政府「經濟發展總顧問」。他曾跟我說，全台灣最窮的縣市是台東和雲林，他要扮演「雪中送炭」的人，而不是「錦上添花」的人，這想法讓我聽了很感動。

雲林有郭董的協助，我當然很期待，立刻帶著他在雲林地方走動，與在地中小企業的經營者見面、辦座談，交換彼此對改善經濟環境的意見，對教育資源缺乏的國中小學，他便讓團隊技術支援建置遠距教學。他還曾捐助了西螺文昌國小棒球隊一百萬元，讓他們去日本群馬縣比賽並獲得佳績，一圓孩子們的夢，讓孩子們更愛棒球、對棒球產生無比的信心。在孩子心目中，郭董的形象不是名聞國際的霸氣總裁，而是慈祥和藹、笑容滿面的「郭爺爺」。

■ 用選舉補助款捐為雲林教育努力

回想二〇一四年的縣長選舉和二〇一六年的立委選舉，我和張鎔麒接連敗選，團隊也遭人落井下石、士氣疲弱，一度還喊出青埔服務處要吹熄燈號。但在熱情鄉親永不放棄、不斷鼓勵下，讓我重新鼓起勇氣、披上戰袍，再度挑戰二〇一八年的選舉。我的勝選也讓多年來一直處於氣勢低迷狀態的家人，重新振作起來。幾年前曾經說過「張家已是不受縣民信賴的人」的酸民，現在也得收回他們的話。

青埔教育基金會是阿兄卸任縣長職務時成立的，成立後廣邀社會賢達擔任董監事，讓更多人參與其中。而我落選後，接下青埔教育基金會董事長一職，其經費來源，則是我把選舉補助款捐出來，且不向政府申請補助，也從不對外募款。

歷年來，基金會在社會看不到的角落投入許多經費，尤其著重在教育方面。因為雲林縣的孩子分撥到的教育資源不足，教育費用甚至是一人一年平均僅有一千六百元，但台北市的孩子卻達到八千元的水平，相差五倍。基金會看到這個狀況，便在有限資源中努力整合資源，以填平這段落差。像有些學校，空有書櫃，但沒錢買書，基金會就送書給學校。

另外，基金會也辦理雲林孩子很少有機會接觸的藝術文化活動。我們曾邀請過孩子們最期待看到的紙風車劇團、泰國的默劇團與中國福建省政府殘疾人藝術團的表演「千手觀音」精彩演出，以及曾在北京央視春晚的國內外知名表演團體，到雲林為孩子們做免費演出。雲林幾乎沒有國際級的表演團體會來演出，這些表演常能讓孩子們大開眼界，增加國際視野，能夠觸發他們的想像力。

另外我也辦理硬筆書法比賽，讓孩子重新體會台灣傳統文化價值。且要求寫下《禮運大同篇》，讓孩子透過書寫來體會、學習我們傳統的文化價值。記得我們將得獎的前三名作品，印成L型資料夾發送給同學們做紀念，孩子們看到自己寫的字被印出來都好開心，很有榮譽感。

張麗善舉辦硬筆書法比賽。

阿兄與我的政治路

勝選固然高興，但我仍然心疼阿兄。二〇〇四年第一次選立委前，阿兄被通緝；二〇一八年七月，我參選縣長，離年底大選還有四個多月，阿兄又因同一案被判八年徒刑入獄。這些巧合，很難讓人不做政治聯想。但更打擊他的是二十年來的抹黑造謠。

我從小就把阿兄當成英雄，因為他是鄰里間的孩子王。因為家裡開葬儀社的關係，只要有事，就會有一些人來幫忙的「土公仔」，在家中進進出出。阿母便會煮一大鍋飯給工作伙伴吃。而阿兄也時常把鄰居孩子們邀來家裡的四合院埕仔內玩，馬光街區這裡大人們經常終日忙於生計，對小孩採取放養式教育，既然家裡有飯可吃，他就去邀大家一起吃。阿兄也會照顧弱小，如果有人被欺負了，會主動幫人出頭討公道。又如果哪位長輩給了他幾塊錢，他就會去買一碗冰，跟大家一起分著吃；沒飯吃的時候，就買一包泡麵讓大家一起享用。

自小就有正義感的阿兄，在我懂事時就已經是老家附近孩子王，大家都會聽他的。在父親開刀失敗後，他為了扛起家計，放棄了學校課業，國中畢業就去學裁縫做西裝，也去學煮飯，有時也去我阿伯那裡幫忙刨木頭、裁木料，總之只要能糊口飯吃的工作他都去學。

當兵的時候，他抽到了北部兵，他當時當伙房兵，放的假比別人多。只是當年南北交通不發達，從台北回到馬光得花上一整天的時間，且車錢又很貴，所以母親雖然想念兒子，卻仍叫他不要常回來，留在北部就好。再者，因為父親身體不好的關係，一家之主的工作落在我敬愛的阿伯身上，若需要來回車錢只能跟阿伯拿，但阿兄卻常常拉不下臉來去要這個錢。

留在台北沒地方去，又知道家中環境不好，一個阿兵哥能做什麼呢？阿兄就去三重埔交流道那裡幫野雞車拉客人，藉此賺取佣金。我自己沒在現場看過，只能想像他頂著阿兵哥的小平頭在三重埔的場景。阿兄好像很會拉客人，但也因此得罪了其他掮客。

小時候聽家人說，阿兄在三重埔有次因為拉客，跟別人起了爭執，對方拿了一把武士刀要砍他，而他只能從路邊隨手撿了一根樹枝（還是棍子）就要跟人家對打，結果棍子幾乎都被削光了，只剩手握的短短一截，手開始痛了，才發現流血了，但他仍勇敢地對峙。其他圍觀者看他見刀都不怕，覺得他很能打，就開始叫他「大哥」。其中有一位真的老大也在圍觀的人群，他是野雞車地盤的老大。他覺得這個少年仔很能打，便叫阿兄去聊天。其實他們並不是什麼黑道；不過就是在灰色地帶搶地盤做生意的小團體罷了。

重情有意的正義阿兄

回馬光後，阿兄的正義感獲得更多人的認同，很多人都拿他當靠山。有次水利會長選舉，張輝元要出來選，結果有個通緝犯打電話跟他「嗆聲」，說張輝元不能出來選。阿兄聽了很生氣，更決意力挺張輝元，他一把搶過電話回敬那位通緝犯：「選一個會長嘛著要你同意喔？若乎你介入，伊著袂當選，政治會使按呢嗎？雲林的政治以後著免玩啊！」

但他的正義感有時讓家人頭疼，有次阿嫂替阿兄去借錢回來週轉，交給服務處的石小姐，趕在三點半跑去銀行存款，隔日有票要兌現，但在石小姐出門前，有人上門借錢，阿兄二話不說，就把錢借出去了。為此我還看不過去就跟他發過脾氣，怪他怎麼可以把錢借別人，結果搞得自己要跳票呢？

正因為他的性格如此，沒把錢和自己看得很重，總是把別人的需求放在自己前面，做了很多犧牲奉獻的善事，幫了很多人。他的義氣用在良善的地方，自然別人就會尊重他，把他當成自己人，變成非常死忠的追隨者；大家也會奔相走告，鄉親們也就紛紛找他幫忙。其中當然三教九流的人也不少。但對他來說，走在政治這條路上，是沒辦法過濾人群的，什麼人都要交往，並在合法、己力可及的範圍內，盡量幫忙人家。總不可能只跟白淨書生交往。周邊朋友一多，好事之人就會覺得他在結黨結派，政敵更是變本加厲的抹黑！

有些人喜歡跟帶點「兄弟」性格、直來直往的人交往，沒有心機、沒有算計，而且還能肝膽相照。大家好聚好散，是否相挺鬥陣，都是一句話決定下來就不反悔的事，不會道貌岸然、說一套做一套、甚至背地裡「放槍」。只是隨著政治局勢愈來愈複雜，人心也愈來愈難測。當台灣選舉已選到沒有恩情尊重後，阿兄最終還是決定淡出政壇，過他自己自由自在的生活。

張麗善從小就把阿兄張榮味當成英雄，長大後，也追隨阿兄腳步，把服務眾人作為志業。

後記

「政治是服務眾人的事」這句話，對我的影響很深，因為從年輕還在創業經商時，就開始幫忙阿兄張榮味多次輔選，深刻感受到「服務眾人」對於雲林鄉親的重要性。等到自己開始參選立法委員、競選雲林縣長，敗選後再捲土重來，多次參選歷程不論成敗，「服務眾人」的初心始終沒有改變。

回首來時路，二〇一八年是我的人生重要的分水嶺，當我決定給自己最後一次機會競選雲林縣長，最後能順利以比對手多四萬七千票當選時，讓我深刻地感受到，不是我在服務眾人，而是「眾人成就了我」。

這本書主要是書寫二〇一八年當選縣長前的人生歷程。一開始只是想要把家族和自己的故事留下紀錄，因為沒有我的祖父母、父母親、兄弟姐妹以及家族成員的互相幫助與支持，也不會有今天的我，家人一直是我生命中，最重要的支柱。儘管外界對「雲林張家」會有不同的評價甚至貼上偏頗的標籤，那都是因為不夠了解雲林。在這本書中，你會看到，我的家人都是土生土長的雲林人，和每一位雲林鄉親一樣勤樸、善良、努力打拚，都希望自己的家鄉能夠變得更好。而我的家人與我，只是比較幸運能夠得到鄉親的支持與托付，替雲林打拚做事。背負著眾人的期待，豈能辜負眾人？

會和阿兄一樣，走上政治之路，並非我的生涯藍圖預設。當我還是護理人員，在醫院見慣生老病死與人生無常時，就一直希望自己有能力助人。隨著年歲增長，我發現在民主社會裡資源和機會是需要去爭取的，而參與身障協會團體後，才知道社會中有很多人是不懂替自己爭取更多的生存機會與生活資源，能讓他們免於貧困或饑寒的威脅。不論是年輕時經商的我，或是成為接受各界團體陳情的民意代表，經過我的努力與爭取，就算再困難再繁瑣，能夠看到鄉親們因此生活得更安穩更幸福，他們的笑容與感謝，一直是支持我繼續往前的力量。

因此，當二〇一八年，二十一萬張的選票讓我成為縣長後，眾人給予我更多的力量，讓我能有機會在參與縣政運作時，用全方位視角來思考與調整服務雲林鄉親的各種需求。對我而言，是挑戰更是動力。若要跟上當下十倍速的全球發展趨勢，以農業為發展基底，這二十年來才開始輔以工業發展的雲林，已經停滯發展二十年了，和台灣其他縣市的發展相比更是落後許多。因此我將傾盡全力，墊定雲林「農工商科技並進」的基礎，並透過各種政策，改善城鄉各項機能，提高雲林鄉親的生活品質，讓雲林在有尊嚴、安全、健康，活躍的永續發展下去。所以，改變雲林，不能再擔擱了。

生於斯長於斯，為了讓雲林加速前進，迎向「雲林上場」的一刻，我張麗善責無旁貸。

People 518

撥雲見日：張麗善的情意政道

作者 張麗善
主編 林正文
行銷企劃 鄭家謙
校對 林秋芬
封面設計 楊珮琪
內頁設計 江麗姿

董事長 趙政岷
出版者 時報文化出版企業股份有限公司
一〇八〇一九 台北市和平西路三段二四〇號七樓
發行專線 （〇二）二三〇六六八四二
讀者服務專線 〇八〇〇二三一七〇五
（〇二）二三〇四七一〇三
讀者服務傳真 （〇二）二三〇四六八五八
郵撥 一九三四四七二四 時報文化出版公司
信箱 一〇八九九 臺北華江橋郵局第九九信箱

時報悅讀網 http://www.readingtimes.com.tw
法律顧問 理律法律事務所 陳長文律師、李念祖律師
印刷 紘億印刷有限公司
一版一刷 二〇二三年十二月十五日
一版四刷 二〇二四年一月十五日
定價 新台幣三八〇元
（缺頁或破損的書，請寄回更換）

撥雲見日 : 張麗善的情意政道 / 張麗善著 . -- 一版 . -- 臺北市 : 時報文化出版企業股份有限公司 , 2023.12
面 ; 公分 . -- (People ; 518)

ISBN 978-626-374-699-2(平裝)
1.CST: 張麗善 2.CST: 傳記

783.3886 112020378

ISBN 978-626-374-699-2
Printed in Taiwan